20代で身につけたい仕事で自信を持つための6つの力

人材革新研究会 編
監修 本田有明

はじめに

最近の若者たちは「ゆとり世代」だの「さとり世代」だのと言われています。年長者からは、チャレンジ精神が足りないと批判されてもいますが、実際はどうでしょうか。あまり表にはあらわれないものの、心の中にそれなりの気概《きがい》は持っているはずだと思います。

この本は、よりよい人生を送りたい、若いうちから自己実現に取り組みたいと考えている人に、具体的なヒントを授《さず》けるために書かれたものです。

私たちは学校を卒業すれば、たいていは社会人として自分で生計を立てるようになります。多くの時間を職場で過ごすことを考えれば、自己実現はかなりの程度、仕事を通じてなされるといってよいでしょう。そこで本書では、書名の通り「仕事で自信を持つための六つの力」にしぼって、成功の方程式を解説しました。

目次に沿《そ》って内容を簡単に確認しましょう。

◆第1章《考える力》——人生を前向きに生きる思考力

自分の願望は何なのか。どんなワークスタイルが向いているのか。それを明確にしないことには具体的な方向が見えてきません。積極的思考によって人生を切り拓《ひら》く方法をまず身につけます。

◆第2章《描く力》——思い通りの未来を実現する構想力

未来の自分を描くためには、過去から現在に至る自身の歩みを振り返り、しっかり検証してみることが大切です。そのうえで、バラ色のシナリオと灰色のシナリオを想定し、バラ色が実現するように作戦を練ります。

◆第3章《交《まじ》わる力》——人間関係に強くなるバランス力

自力《じりき》で頑張るだけでは、空回りしてしまうことがよくあります。後押ししてくれる仲間や先輩などと良好なコミュニケーションを築くことが、実は自己実現の早道なのです。ここでは人と交わる能力とスキルを養《やしな》います。

◆第4章《変わる力》——理想の自分に変身するための習慣力

「ローマは一日にしてならず」と言います。人生は長丁場《ながちょうば》ですから、一時的な努力や気合だけでは成功を引き寄せることはできません。地道な努力を続けること、そのためのよい習慣を身につけることが鍵《かぎ》となってきます。

◆第5章《悩む力》——困難やスランプを乗り越える忍耐力

うまくいかないとき、スランプに陥ったときは、どうしのげばよいのか。この章では、実際に若者たちから寄せられた悩みに答えるかたちで「上手な悩み方」と「問題解決のヒント」を提案します。

◆第6章《学ぶ力》——たくましい自分をつくる教養力

世の中には数多くの自己啓発書があります。それらの中から、実践的な知恵を授けてくれる古典的な名著を六冊だけ選び、何をどう学ぶのかを具体的に解説しました。さらに五十二冊の読書案内を巻末につけたので、大いに活用してください。

この本に書いたことをすべて実践するのはむずかしいでしょうが、まず一つ、二つと実践してゆくうちに少しずつ、あなたの中に前向きな力が芽生えてくるはずです。そこから新たな習慣ができて、自己実現の道をまっすぐ歩む。そんな未来が拓けてくることを心から願っています。

二〇一四年四月

人材革新研究会 代表　本田有明

contents

はじめに　1

第1章《考える力》

人生を前向きに生きる思考力

あなたが天才になるのは簡単なこと　14
ソフトバンク孫《そん》正義《まさよし》氏の五十年計画　16
自分の願望をはっきりさせる　19
自分のビジネス・スタイルを知る　21
夏《なつ》目《め》漱石《そうせき》は「仕事」をどう定義したか　24
・・・とりあえず働き始めた人が自己実現するには？　26
趣味の世界に逃げ込んでいないか　29
ワークスタイルを分析してみる　31
就職して三年後までに「どう生きたいか」を考える　33
転職を考えている人への注意　36
悪条件をプラスに変える積極的思考　38

自分の人生の軍師《ぐんし》になる——「S型人間」のススメ 40

第2章《描く力》

思い通りの未来を実現する構想力

「S型人間」に必要な六番目のS 44
「願望達成シート」に心のおもむくまま夢を書こう 46
夢は人の心意気を映す鏡《かがみ》 48
心をむしばむ「弱気の虫」を発見する 49
ほんとうの自分を知るということ 52
仕事そのものを楽しむ 54
格好《かっこう》いい職業ほどリスクを伴《ともな》う 56
できない理由は口にしない 59
これまでの自分を検証してみる 61
人生最悪のシナリオとバラ色のシナリオ 62
五年後の自分を想い描いてみよう 68

自分らしく生きるということ 72

第3章 《交《まじ》わる力》

人間関係に強くなるバランス力

成功の秘訣《ひけつ》は「折れない心」 78
物事をシンプルにプラスに捉《とら》える 79
自分も他人も責めすぎない 82
わかりやすいモットーをつくろう 84
「気持ちのいい人」になろう 86
「不如意《ふにょい》の大海《たいかい》」でもまれながら生きる 90
苦言《くげん》を呈《てい》してくれる人を貴《たっと》ぶ 92
努力・忍耐を「苦労」と言わない 95
情緒的《じょうちょてき》な言葉に踊《おど》らされていないか 97
知っておきたい「ケンカの作法《さほう》」 100
感情にまかせて「たんか」を切るとケガをする 102

他人に左右されない人生の目標を持つ　104

第4章《変わる力》

理想の自分に変身するための習慣力

「愉快《ゆかい》・爽快《そうかい》・軽快《けいかい》」を目指そう　108
何にでもチャレンジしてみよう　110
成長の鍵《かぎ》は「失敗ノート」　112
失敗に言い訳はいらない　114
尊敬できる人に出会ったら〝弟子《でし》入り〟してみよう　117
師匠《ししょう》のやり方をまねてみる　119
話し上手より、まず聞き上手を目指す　122
月に一度は時間の使い方を見直そう　124
自分だけの気分転換の場所を持つ　126
スペシャル・タイムの使い方を決めよう　129
自分を高めるために、チェックシートをつけてみよう　131

勉強会やサークル運営に挑戦してみる 134
酒の席での失態《しったい》は〝致命傷《ちめいしょう》〟になる!? 136
酔い加減の自己バロメーターを持とう 138

第5章《悩む力》

困難やスランプを乗り越える忍耐力

悩みは自分をたくましくする挑戦課題 142
勉強はどこででもできる 143
「働くこと」の目的を明確にする 147
迷ったときは困難な道を選択してみる 152
物事を自分の頭で考える習慣をつける 157
自分の信念を仕事と行動に託《たく》す 161
目標の定まらない独立は危険 166
成功する人を素直に認める 170
自分の力のなさを人のせいにしない 173

スランプになったときの対応策を考えておく　178
時間を限定してのめり込んでみる　183
心が疲れ切ったときは無理をしない　187

第6章《学ぶ力》
たくましい自分をつくる教養力

総合的な知性を身につける　192
ナンバーワンの哲学書から学ぶこと——『方法序説《ほうほうじょせつ》』（デカルト）　193
幸運を引き寄せるための思考法——『努力論』（幸田露伴《こうだろはん》）　197
いつも機嫌《きげん》よく、たんたんと生きるために——『幸福論』（アラン）　203
心の雑草《ざっそう》を取り除く十三の徳目《とくもく》——『フランクリン自伝』（ベンジャミン・フランクリン）　208
常識に縛《しば》られない柔軟《じゅうなん》さを磨くために——『頭にガツンと一撃《いちげき》』（ロジャー・フォン・イーク）　212
自前の生活信条をつくる——『人生に必要な知恵はすべて幼稚園の砂場で学んだ』（ロバート・フルガム）　218

【巻末付録1】二十代のうちに読んでおきたい52冊 224
【巻末付録2】書き込み式 実践シート 228

第1章
《考える力》
人生を前向きに生きる思考力

1 あなたが天才になるのは簡単なこと

「才能とは何ですか」と聞かれて、あなたならどう答えるでしょうか。

いきなりですが、真剣に考えてみてください。これは人生観にもかかわってくる重要な質問です。

ちなみに「才能」という言葉を辞書で引いてみると、「物事をうまくなしとげるすぐれた能力。技術・学問・芸術などについての素質や能力」（『大辞林《だいじりん》』）、「才知と能力。ある個人の一定の素質、または訓練によって得られた特殊な能力」（『広辞苑《こうじえん》』）などというふうに出ています。

一般論としてはこれで正しいのですが、こう言われても、あまり印象に残りません。

フランスと日本の作家が、それぞれ次のような言葉を残しています。

「才能とは持続する情熱のことである」――モーパッサン

「才能とは何に取り組むかをいかに早く決めるかである」――坂上弘《さかがみひろし》

できたらモーパッサンや坂上弘氏のように、自分なりの味つけをほどこした、具体的な指針となる定義づけをしておくとよいでしょう。

才能というものは、大なり小なり人それぞれにそなわっている固有の能力だと思います。そのことに本人が気づく時期は千差万別《せんさばんべつ》で、たとえばモーツァルトのように四歳か五歳で作曲の才を示して大人を驚かせた神童《しんどう》もいれば、松本清張《せいちょう》のように四十歳を過ぎてから小説家となった遅咲《おそざ》きの人もいます。モーツァルトは六百以上もの曲をつくり、三十五歳の若さで世を去りましたが、松本清張のほうも、モーツァルトが亡くなった年齢よりずっと遅れて出発したにもかかわらず、生涯に大小合わせて七百を超える作品を執筆《しっぴつ》しました。

人によって、また分野によって、能力が開花する時期は異《こと》なるということもできるでしょうが、かなうことなら、なるべく早いうちに花を開かせたい。芸術的なセンスであれ、ビジネスパーソンとしての能力であれ、早く実をつければつけるほど、それだけ豊かな自己実現をなし、収穫《しゅうかく》の多い人生を送ることができるからです。

若くして名をあげたカナダの実業家マーク・フィッシャーは、自分自身の成功哲学を小説ふうに著《あらわ》したベストセラー『成功の掟《おきて》』（日本能率協会マネジメントセンター）の中で、こんな名言を残しています。

「天才になるためには、ただ自分の仕事を愛すればいい」

あまりに簡単な表現すぎて納得できないという読者もいるでしょう。私自身、二十代のときにこれを読んだら反発を覚えたに違いありません。「そんなことで天才になれるものか」と。

しかし、自分の仕事を心から愛している人がいかに少ないか、「持続する情熱」を持って自分の仕事に打ち込んでいる人がいかに少ないかを、実感として理解できる年齢になったとき、先人の言葉の正しさに合点《がてん》がいきました。ならば、たしかに「何に取り組むかをいかに早く決めるか」は、人生の大問題であるのです。

ソフトバンク孫正義《そんまさよし》氏の五十年計画

十九歳の年に「人生五十年計画」を立てて、ほぼその通りの人生を歩んできた人がいます。ソフトバンク社長の孫正義《そんまさよし》氏です。

孫氏といえば二十四歳で会社を起こして以来、常に時代をリードする経営者として注目を集めてきた人物です。この人のハイスピード感覚は「何に取り組むかをいかに早く決めるか」のよい見本になるので、事例研究として取り上げてみましょう。

「二十代で名乗りを上げ、三十代で軍資金《ぐんしきん》を最低一千億円貯め、四十代でひと勝負かける。五十代で完成させ、六十代で継承させる」。

これが十九歳のときに描いた人生五十年計画の見取り図でした。

孫氏にとって人生の転機となったのは、高校一年の夏休みに出かけたアメリカへの研修旅行です。日本とは異なった自由な風土が強烈な印象として残り、翌年、両親を説得して再び渡米《とべい》し、現地の高校に入学しました。

猛勉強のすえ、高卒資格を得るための試験をパスして短期間で卒業を果たし、カリフォルニア大学バークレー校に入学。これだけでもずいぶんなスピードですが、「二十代で名乗りを上げる」と決めたからには、のんびりしているわけにはいきません。

大学に入ってまず始めたことは「発明」です。ノルマは毎日一つ、一年間続けてみることが自分との約束でした。大学生にできる普通のアルバイト程度では、とても事業を起こす軍資金などつくれません。若いうちに大いに頭を鍛練するためにも、発明はよい課題でした。

一年間に達成した発明の数は、ノルマには満たなかったものの二百五十件。ひとくちに二百五十件といっても、これはたいへんな数です。それら膨大《ぼうだい》な発明のうちの一つに、時代を先取りした「音声装置付き他国語翻訳機」がありました。

夏休みに帰国した折、孫氏はさっそく日本のメーカーに売り込みを始めました。はなから無視する会社が多かったものの、シャープの佐々木正《ただし》専務（当時）は音声装置付き他国語翻訳機を高く評価し、この大学生発明家と契約を交《か》わします。契約金はなんと百万ドル。孫氏が自分の力で初めて稼いだお金でした。

大学を卒業して日本に帰った段階で、孫氏は一年半かけて事業計画を練り直しました。そのときすでに四十種類もの事業案が候補にのぼっていたのですが、「それに五十年間も熱中できるか」「その業界のナンバーワンになれるか」など、二十五項目の判断基準を設け、詳細な分析作業を行ったそうです。その結果、選び出されたのが、当時まだ日本にはなかったパソコンソフトの卸《おろし》事業だったのです。

こうして一九八一年に「日本ソフトバンク」を設立。最初は孫氏本人と二人のアルバイトだけのささやかな旗揚《はたあ》げでした。

1 自分の願望をはっきりさせる

そもそも事業を起こそうと考えるような野心家は、孫正義氏に限らず、大きな夢と、それを実現させる行動力を持っているものです。ひとつ間違えると、天国から地獄《じごく》にすべり落ちるリスクと常に隣り合わせでいるのですから、ぼーっとしている暇《ひま》などありません。ある程度の目途《めど》がつくまでは、ひたすら研鑽《けんさん》と努力を積み重ねるのです。

もちろん、これは起業家だけに限ったことではありません。芸術であれ学問であれ研究開発であれ、何か大きな事をなしとげるためには人の二倍三倍打ち込む必要があります。しかも、「好きこそものの上手《じょうず》なれ」の言葉通り、自分の好きなことでなくては長続きしません。

読者のみなさんは学生の方もいるでしょうが、すでに社会人となって生計を立てている方が多いことと思います。その進路が、自分の才能（能力）と社会的役割の観点からいってベストの選択だと言い切れる人もいるでしょうし、何か釈然《しゃくぜん》としないものを感じつつ日々を送っているという人もいるでしょう。おそらく後者のほうが多数を占めるのではないでしょうか。

いずれにせよ、まずは自分の夢や願望というものをきちんと見極めることが大事です。

二十代は志《こころざし》を立てるのに決して早すぎはしませんが、いくらでもやり直せる年代ともいえます。

この貴重な人生を、自分はどのように生きてみたいのか。それを見極める前から「現実は厳しいものさ」などと、年寄りじみたことを言うのは禁物《きんもつ》です。

夢があり願望があり、そのうえで自分の適性や能力と相談してみる。達成可能な目標もあれば不可能に近いものもあるでしょうが、まずは本気になってその検証に取り組んでみなくては何もわかりません。

そもそも、自分の適性や能力がどれほどのものなのか、本腰《ほんごし》を入れて追求してみたと言い切れる人がはたして何人いるでしょうか。おのれの適性を知る、能力の度合いを確かめるといっても、ただ頭の中で考えるだけでは話になりません。

私たちは、「自分のことは自分が一番よく知っている」と思いがちですが、それは単純な思い込みにすぎないことが多いのです。実は、それが圧倒的に多い。そう断言して間違いありません。

自分にできること・できないことを本当に知るためには、それなりの方法論に即して、徹底的に試してみることが不可欠です。

自分の能力を過小評価してはいけません。もっと夢や願望を実現できる力があるかもしれないと、まずはプラス発想をすること。そして、それらを実現するため、いくつかの具体的な目標に置き換えて、一つひとつつぶしていくことです。

本書はその方法論をわかりやすく説いた「自己実現ハンドブック」でもあるのです。

自分のビジネス・スタイルを知る

職業とからめた生き方の選択としては、おおよそ次の六つに分類することができます。

①完全独立型自由業

②独立型自営業

③組織創造型自営業
④組織依存型自営業
⑤組織依存型協業《きょうぎょう》
⑥組織媒介《ばいかい》型自由業

まず、①完全独立型自由業とは、特殊な個人的才能によって自活の道を拓《ひら》くもの。小説家、画家、音楽家など、「〜家」と呼ばれる職業が多い孤高《ここう》の芸術家タイプです。別の見方をすれば、道楽《どうらく》が職業になってしまった人たちです。

②独立型自営業は、弁護士、公認会計士、美容師など、主として「〜士」「〜師」と呼ばれる資格によって自営業を営《いとな》むタイプです。

同じように、③組織創造型自営業は、会社を起こし、原則として規模の拡大を図る事業家のこと。④組織依存型自営業は、会社や団体など組織に属し、狭く深く専門職を極めるタイプ。組織に属してチームワークでさまざまな仕事をこなすほうは⑤組織依存型協業になります。

⑥組織媒介型自由業は、「正社員」として組織に属することはせず、フリーターあるいは嘱託《しょくたく》契約などの立場で、単に組織を媒介とした仕事に就《つ》く人たちです。新しい

生き方として注目された時期もありましたが、このタイプにはほんとうに新しい人生観や職業観を持った独立独歩《どくりつどっぽ》組と、望んだわけではないのにこの立場になってしまったドロップアウト組が混在しています。

現在、あなたが組織に属するビジネスパーソンだとしたら、④⑤⑥のどれかということになります。もし、現状にほぼ満足し、生きがいを感じつつビジネス・ライフを送ることができているなら問題はありません。この本を読むより、もっと個別の実務能力を高める専門書を手にしたほうが役に立つでしょう。

そうではなくて、実は、①芸術家になりたかった、まだたっぷり未練《みれん》がある。あるいは②資格をとって独立したい、③事業家を目指している、というのであれば、しかるべき行動に取りかからなくてはなりません。

「いずれそのうち」は禁句です。あらゆる仕事と同じように、納期のない計画は十中八九遂行《すいこう》されることなく「絵に描《か》いた餅《もち》」に終わります。来年からと言わずに来月から。来月からと言わずに明日から。明日からと言わずに今日これから始めるのが、物事に取り組む際の鉄則です。

夏目漱石《なつめそうせき》は「仕事」をどう定義したか

あなたにとって「仕事」とはどういうものでしょうか。先ほどの「才能」と同じように、自分自身の定義を考えてみてください。

考えるヒントとして、二人の先人を引き合いに出します。一人は夏目漱石《なつめそうせき》、もう一人は黒井千次《せんじ》氏。どちらも小説家として名をなした人ですが、前者は高校・大学の教員として、後者は自動車メーカーの社員として、いわゆる実社会での経験をもっています。

夏目漱石は仕事というものを「道楽」と「職業」とに大別《たいべつ》しました。自分のためにする仕事を「道楽」、人のためにする仕事を「職業」と考えたわけです。明治四十四年に行った講演の記録「道楽と職業」からの引用です。

さまざまな芸事がそのまま職業にもなる現代社会からみれば、ちょっと奇異《きい》な感じもするでしょうが、漱石が生きた時代は「道楽」によって生計を立てることなどほとんど不可能に近い状況でした。道楽はあくまで個人的趣味にすぎず、それに打ち込むことは自己本位の生活です。

一方、職業とは人のため社会のためにする仕事であり、それに専念することは他人本位の生活といえないこともありません。一個の人間として、どのように調和のとれた生き方をするべきか。その模索《もさく》が文学者・漱石の大きなテーマでもありました。

興味のある方は「道楽と職業」を読んでみてください。『私の個人主義』（講談社学術文庫）に収録されています。

「道楽」という言葉は「道を楽しむ」と書く通り、自分の好きなことに打ち込み、それを楽しむことです。漱石が問題視したのは、資産家が社会的配慮《はいりょ》などまったく持たず、自分一人だけの楽しみに耽《ふけ》るという狭い意味合いでの道楽でしたが、私はこれと別の観点から道楽を積極的に評価したいと思います。つまり、職業の中にどれだけ道楽の要素を取り入れることができるか。そこに自己実現の道としての仕事の楽しさがあると思うからです。

これとは対照的に、職業を一種の苦役《くえき》、あるいは生活費を稼ぐための〝必要悪〟として捉《とら》える見方もあります。この立場にたてば、仕事は「労働」と呼ばれる通り、苦労して働くことですから、自己実現など考えられません。

現在の自分の仕事が、そういう意味での労働でしかない人、サラリーマンであることが、使用人であるようにしか感じられない人は、できれば早めにその仕事から足を洗うべきでしょう。

言うまでもないことですが、足を洗って何をするかは自分で選択しなければなりません。その選択のもとになるのが、前に述べた「自分の夢と願望」です。

「とりあえず、いまの仕事を続けていく」というのも、もちろん立派な選択肢です。それなら、どうすればその職業生活を少しでも道楽に近づけることができるかをしっかり考え、そこに創意工夫を働かせてみることです。

❗ とりあえず働き始めた人が自己実現するには？

黒井千次氏は『働くということ』（講談社現代新書）の中で、自身が自動車メーカーに就職した時の心境を次のように記《しる》しています。

「ぼくは就職する企業での仕事を決して一生のものとは考えず、いわば実社会なるものを学ぶための不可欠の手段の一つとして受け止めていたに過ぎなかった。そのために実社会で生きる最初のほんの幾年かを企業で暮らしてみればよいのだ、といった軽い思いしかぼくの中にはなかった」

氏の夢ははじめから小説家になることであり、企業人としての体験もいわば「芸のこやし」、すべては観察のためと位置づけられていました。

読者のみなさんの中にも、これと似たような動機で企業社会の一員となった方もいることでしょう。私のまわりにも、いずれ大きな資格を取得して独立するため、あるいはライターとして独り立ちするまでの方便《ほうべん》として、サラリーマン生活を始めたという者が何人もいます。あくまで一時の「世をしのぶ仮の姿」というわけです。

しかし黒井氏の考えは、会社とともに年を重ねるうちに変化していきます。

「実際に会社にはいって働き出してみると、学生時代に頭に描いていた目論見《もくろみ》がいかに軽薄《けいはく》で安易であったかを痛烈《つうれつ》に知らされねばならなかった。

初めの三、四年が過ぎた時、ぼくにわかったのは、会社などというものはそのくらいの期間を中で過《すご》してもなにもわかりはしないのだ、という厳粛《げんしゅく》な事実であったのだ」

それまで氏は、なによりも大切な仕事は小説を書くことと思い定めていたのですが、二十代後半から軌道《きどう》修正を余儀《よぎ》なくされました。「会社の仕事が自分の内部にはいりこんで来る」ようになったのは、その頃からだったと述懐《じゅっかい》しています。

「結局は二十代の前半から三十代の後半にかけての十五年間をぼくは企業の中で生活したのだが、いま振り返ってみてそれが必ずしも長過ぎたとは思わない。人間の社会的成長の最も激しい時期、思想的成熟の強く期待される季節を企業で過したからこそ、（さまざまな）考えを曲《まが》りなりにも自分のものとすることが出来たのではなかったか。そしてそれだけの内容を特定の教師も教科書もなしに現実生活を素材として学ぶには、小学校から大学までの十六年間にほぼ匹敵する時間が当然必要だったのである。

働くということは生きるということであり、生きるとは、結局、人間とはなにかを考え続けることに他ならない」

やがて黒井氏は、人間が働くことの意味を追求した小説やエッセイを発表するようになり、三十八歳の年に文筆家として独立します。会社の中での仕事が、大きな意味での自己実現につながった例といえるでしょう。

趣味の世界に逃げ込んでいないか

会社での生活がつまらないから、何か趣味的なこと（漱石の言う道楽）に打ち込みたいという人がいますが、黒井氏はそれを戒《いまし》めます。仕事の世界を確立することが先決ではないかと。精神的逃避《とうひ》としての趣味などで人の心が芯《しん》から癒《いや》されることはないからです。

仕事の中に趣味的な要素を見いだそうとすること、あるいは増やそうとすることと、趣味の世界に逃げ込むこととは似《に》て非《ひ》なるものです。

前者の例を具体的にあげてみると、

- **新入社員研修のテキストづくりを楽しむために自作のイラスト掲載を提案してみる**
- **つまらない会議を面白くするためのアイデアを発想し提案してみる**
- **社内公募の新事業開発プロジェクトのチームスタッフに応募してみる**
- **自分の仕事に関連する外国の文献を社費で翻訳出版できないか提案してみる**

思いつくままに掲《かか》げました。

どれにも共通するのは「積極的な提案」のかたちになっていることです。仕事を楽しむということは、自分から働きかけてその状況をつくり出すことにほかなりません。

それに対して、趣味の世界に逃げ込む態度は、

- **仕事の憂《う》さ晴《ば》らしに毎晩パチンコ店に通う**
- **週末の釣《つ》りを楽しみに平日をやり過ごす**
- **クルマの手入れとドライブだけが生きがい**
- **仲間と酒を飲んでパーッとやるのが趣味**

こうした趣味が無意味だと言っているのではありません。日常の仕事が「生活費を稼ぐ労働」でしかなく、そのつまらなさを我慢するための趣味であるなら、ずいぶんさみしい人生ではないかと思うのです。

仕事がつまらないうえに趣味と呼べるものもない人生は最悪でしょうが、二十代にしてすでに仕事が苦役でしかないようでは、この先、ただ食いつなぐだけの人生に堕《だ》してしまいます。

五十の坂を越えて、不本意ながらそのような人生を送っている人は大勢います。企業内競争に疲れ、仕事に疲れ、後は趣味の世界に余命《よめい》をつなごうとする人たちです。

ある程度年齢を重ねてしまうと、気力体力ともにエネルギーが枯渇《こかつ》してしまうため、新しい目標を設定するのはむずかしくなります。

二十代のうちから疑似《ぎじ》老人のようではお先真っ暗というもの。まずは自分の仕事を発見することから始めなくてはなりません。

こころよく我にはたらく仕事あれ
それを仕遂《しと》げて死なむと思ふ——石川啄木《たくぼく》

ワークスタイルを分析してみる

仕事と適性を考えるためには、自分がどういうタイプの人間なのかをしっかり認識しておくことが必要です。かつてリクルートリサーチ社が発表した「ワークスタイル調査」というユニークで面白い分析があるので、それに即して考えてみましょう。

【シート1】を見てください。ビジネスパーソンのタイプを働き方から四つの象限《しょうげん》

【シート1】 ビジネスパーソンのタイプ

に分類しています。縦軸には「集団で成果を出す仕事・組織依存型」と「単独で成果を出す仕事・個人自立型」を、横軸には「年功的処遇《しょぐう》」と「能力主義的処遇」を取っています。

組織依存型の働き方をし、能力主義的処遇にふさわしい人材はAタイプ、漫画の主人公にたとえれば「島耕作《しまこうさく》シリーズ」の主人公・島耕作です。同じ組織依存型でも年功的な処遇のほうが望ましいのはBタイプ、「総務部総務課山口六平太《ろっぺいた》」のキャラクター山口六平太が当てはまります。個人自立型で年功的処遇のCタイプは「釣りバカ日誌」の浜ちゃんこと浜崎伝助《はまさきでんすけ》、能力主義的処遇がふさわしいのはDタイプで、これに当てはまるのは「サラリーマン金太郎」の矢島《やじま》金太郎でしょうか。

最近の風潮《ふうちょう》として、会社側が求める人材はAタイプとDタイプです。ともに能力主義的処遇にふさわしい働きぶりを示すのが共通点です。AタイプもDタイプも、人に指示されるまでもなく、自分で自分の人生を切り拓いていくパワーを持っています。

ただし、Dのほうは自立心旺盛《おうせい》ですので、ある時期が来ると会社を離れ、みずから事業を起こそうとする者が少なくありません。会社が引き留めようとする優秀な人材ほど会社を離れようとすることの典型的なタイプです。Aタイプの島耕作は、漫画ではついに社長にまで上りつめ、二〇一三年には会長に就任しましたが、会社の中で自己実現を目指す典型的なタイプといえるでしょう。

就職して三年後までに「どう生きたいか」を考える

浜崎伝助に代表されるCタイプも、個人自立型である限り、周囲に疎《うと》まれることはないでしょうが、問題なのは組織依存度が高く年功的処遇を求めるようなBタイプです。仕事は苦役か労働でしかなく、毎日同じことを繰り返している。その倦怠感《けんたいかん》は、何か趣味で憂さ晴らしすればいいと思っているような人をイメージすればよいでしょう。

本人だってさぞかしつまらない人生でしょうが、このタイプは会社にとっても困った存在と言わざるを得ません。

Dタイプを引き留めたいのとは対照的に、Bタイプは一日でも早く辞めてもらいたいというのが会社側の本音です。しかし、当人は決して自分から辞めようとはしません。辞めても次なる新しい目標があるでもなし、独立して起業するほどのパワーもないからです。

残念ながら該当《がいとう》すると認められる方は、誠実な仕事ぶりによって人に喜ばれることを目指すような、謙虚《けんきょ》な姿勢を心がけることをお勧めします。資質や能力に恵まれていないことは仕方ないとしても、取り組む姿勢はいくらでも改善できるはずです。

かつて、「休まず・遅れず・働かず」の「三ず主義」というものが指摘された時代がありました。会社を休まず遅刻もせず、きちんと机に向かってはいるものの、生産性の高い仕事はしていない。つまり、見かけは働いているようだが実質的な働きは乏《とぼ》しいサラリーマンの姿を揶揄《やゆ》した言葉です。会社に長くとどまることによって評価された「年功的処遇」は、すでに過去の遺物《いぶつ》となりました。

賃金のベースアップ廃止論や能力主義人事が大きくクローズアップされているのはご存じの通りです。企業人として自己実現を図りたいというのであれば、年功的処遇ではなく能力主義的処遇をみずから望む人間へと脱皮しなければなりません。CタイプはDタイプへ、BタイプはAタイプへの移行に挑戦するのです。

組織依存型であるか個人自立型であるかについては、一概《いちがい》に個人自立型がよいとは断言できません。それこそ島耕作のように、組織に属するからこそできる仕事に打ち込む姿は、組織人としての冥利《みょうり》に尽きる生き方です。個人自立型タイプは自立を求めて大いに羽ばたくべきですが、会社の中にこのタイプの人間ばかりが集まり、やがてみんなどこかへ飛んでいってしまうのも困りものです。

自分は何を望み、どう生きたいのか。それによって、各人が選択すべき課題です。いわば人生の「第一次回答」です。このへんは、就職してから三年後あたりを目安として考えておけばよいでしょう。いずれ変化が生じることもあるでしょうが、それはまたそのときに「第二次回答」を出せばよいのです。

転職を考えている人への注意

「第一次回答」とは、将来に対するおおまかな指針です。

たとえば、入社してからの三年間は会社から与えられた仕事に全力を傾け、四年目に入った時点で自分が深く耕《たがや》すべき専門分野を決める。次の三年間でその分野の資格を取得し、三十代を迎える頃には独立も可能な実力をつけておく、というような具合です。詳細は後の章で述べますが、まずはこのような青写真が必要になります。

先に引用した黒井千次氏にとっては、「数年間サラリーマン生活を送って実社会の知見《ちけん》を広め、のちに文筆家として独立する」というのが第一次回答でした。これが簡単には実現しないと悟《さと》り、さらに長い年月を会社の中で過ごす決心をしたのが、第二次回答に当たります。

人間がさまざまな体験を積み重ねていくうちに、いわば成長の証として人生の見取り図に変化が生じるのは、決して珍《めずら》しいことではありません。実際にやってみなければわからないこと、発見できないことというのが、人生には数多く存在するからです。

体験によって方針が変わるのはかまわないのです。ただ、その変化が前向きなものとして、自分自身も納得のいく変化でなくてはなりません。会社を移るにしても職種を変えるにしても、それが納得できるまで熟慮《じゅくりょ》した結果なのかどうかが、この場合の判断の分かれ目になります。

熟慮するためには、あらかじめ描いた青写真に即して、一定期間、努力を続けてみることが不可欠です。自分の能力を試そうとするのに、短いサイクルで会社を転々としていてはお話にもならないでしょう。

しかし、現実にはこのたぐいの人が少なくありません。継続的な努力ができず、いつも「ここと違うどこか別の場所」に幸せが落ちているはずだと思って、さまよい歩く人たち。いわゆる「青い鳥症候群」です。ビジネスパーソンとしての見地から言えば、「転職病」という症状としてあらわれます。会社を替わっても一年ともたない。重症になると、数か月単位で転職を繰り返す。

私は日本で長く美徳とされてきた「一社精勤《いっしゃせいきん》」を奨励《しょうれい》するものではありませんが、若くして転職を重ねるのをよしとするような一部の風潮には大きな危惧《きぐ》の念《ねん》を抱《いだ》いています。実際問題として、充分に仕事の意味も理解できていない二十代での転職常習者に、何かキラッと輝くものを感じた例はほとんどありません。短い間に何度も人生の方針変更があるということ自体、見通しの甘さと集中力のなさを示しているのです。

二十代で一つの仕事に就き、その面白さもつまらなさも含めて、なんとか理解できるようになるまでには、最低三年はかかると思っておいて間違いありません。

悪条件をプラスに変える積極的思考

会社についての良し悪しも、例外的な次元の会社を除いて、最低一年間は在籍してみなければ理解できません。

例外的な次元とは次のようなことです。

- ✦**会社の事業内容が反社会的なものである**
- ✦**企業ポリシーというものがまったくない**
- ✦**経営陣の多くに人格的な問題がある**

そもそもこういう会社は、入社する前の段階で「問題あり」と予見できるでしょう。

転職を重ねる人たちの取材をしたことがありますが、よくあがる理由としては、

- **会社の雰囲気《ふんいき》が悪く、ネクラな社員が多い**
- **社長がワンマンで、部下はみんなイエスマンになっている**
- **上司が意地悪でコキつかわれる**
- **労働条件が悪く残業が多い**
- **扱い品目や営業内容に将来性がない**

一見したところ、どれも正当な理由のように感じられるでしょうが、実はそうではありません。この中で、あえて転職の理由と言えるのは「扱い品目や営業内容に将来性がない」くらいです。業界自体や営業内容が先細りとわかっているのであれば、好んでそこへ飛び込むことはないでしょう。

これ以外はどれも、当人の考え方一つで転職の理由にもなれば、発奮《はっぷん》の材料にもなる項目です。つまり、積極的思考をするか消極的思考をするかによって、結論は百八十度変わってしまうのです。

ネクラな社員が多いのであれば、いずれ自分が革新すればよい。現在の雰囲気が悪ければ悪いほど、相対的に自分の芽が出る可能性が高まる。活躍のチャンスがやって

くる。こう考えるのが積極的思考、前向きに考えるという態度です。

この思考法が身についている人は、社風がよく人材のレベルが高く業績抜群《ばつぐん》というような順風満帆《じゅんぷうまんぱん》の会社を、逆に敬遠《けいえん》する向きがあります。見方によれば、それほど優秀な人材が集まっている理想的な組織であれば、自分の力を発揮できる領域が限られてくるからです。

一般に消極的思考をする人が、あれもこれもと贅沢《ぜいたく》な条件を掲げ、恵まれた環境のもとで楽をしたいと考えるのに反して、積極的思考をする人は、多少の悪条件をむしろ歓迎し、それを克服することに生きがいを見いだそうとするものです。単純化して、前者は一流の会社で三流の仕事を志向し、後者は二流の会社で一流の仕事を志向するといえば、わかりやすいかもしれません。

! 自分の人生の軍師《ぐんし》になる——「S型人間」のススメ

ある分野で異才《いさい》を放《はな》つ活躍をした人が、ヘッドハンティングされて転職する場合はまったく別ですが、短期間で転職を繰り返す人は、それゆえに基本的な心得違いをしているといっても過言ではありません。会社選びにせよ仕事選びにせよ、大切なのは思い切り自分の力を試そうとする積極的思考です。

知人の経営コンサルタントに、この積極的思考の見本のような人物がいます。彼は日本で最難関といわれる大学を卒業した後、わざわざランクの低い二流商社に就職しました。どうすればビジネス全般の能力を速成《そくせい》することができるかを模索した結果の職業選択でした。

それほど人材が厚い会社ではないので、彼はすぐにアメリカ駐在を申し渡されました。本人の目論見通りです。二十代にしてアメリカ支店の責任ある地位を任され、激務をこなすかたわら夜間のビジネススクールにも通いました。日本でののんびり仕事のイロハを学ぶのとは何倍もスピードが違います。三十代になった頃には、会社経営に必要な学習と実践の修行はほぼ終えていました。さらに日本の本社で数年間勤務し、三十五歳で経営コンサルタントとして独立を果たします。この間の経緯《けいい》は、すべて大学卒業の時点で描いたシナリオ通りでした。

「戦略的発想」という言葉が政治や経営の世界にあります。もとは戦争における総合的・効率的な兵力運用の方法論を意味した言葉ですが、国際政治や企業経営の分野でもよく用いられます。考えてみれば、これは個人の生き方にも応用することができるもので、引用した知人のコンサルタントの発想などはよい例といえるでしょう。

出たとこ勝負の積み重ねではなく、あらかじめ自分の生き方のシナリオを何通りか描いておき、それを実現するための目標・手段・方法をきちんと設定する。戦略的であるためには、途中の段階での挫折《ざせつ》や失敗をも織り込んだ計画でなくてはなりません。

このような考え方に基づいて自己実現を図るやり方を、私は「S型発想」と名づけています。それを実践する人は「S型人間」です。

S型人間に必要な発想は五つのSに代表されます。

第一に戦略（Strategy《ストラテジー》）です。大局的な見地からまずは何をなし、何をなさざるかの選択（Selection《セレクション》）を行います。それによって、自分が深めてゆくべき専門領域（Specialty《スペシャリティー》）がはっきりするはずです。それらに基づいてシナリオ（Scenario）を描く。目標を確実に達成するためには、いくつかの段階で納期を定め、スケジュール（Schedule）を明確なものにしておかなくてはいけません。

このS型発想の具体的な取り組み方について、次の章で詳しく説明していきます。

第2章
《描く力》

思い通りの未来を実現する構想力

「S型人間」に必要な六番目のS

これから提唱《ていしょう》する「S型人間」という概念《がいねん》は、ビジネスパーソンのタイプとしてよく引き合いに出される「T型人間」や「I型人間」のイメージがヒントになっています。

T型人間とは、かつてホワイトカラー管理職の理想像とされてきたゼネラリストをあらわしています。Tの字の横棒は、会社のさまざまな領域をカバーする広く浅い応用能力を示し、縦の棒はその人固有の専門能力を示します。つまり会社の間接部門に配属されても直接部門を指揮しても、それ相応の柔軟《じゅうなん》な能力を発揮し、しかも何か一つ、余人《よじん》の追随《ついずい》を許さない高度に専門的な分野を持っているという、まさに絵に描《か》いたような人材像です。

Tの横棒だけならいくらでも該当《がいとう》者がいますが、縦棒の能力もそなえたオールラウンダー兼スペシャリストとなると、なかなかお目にかかれません。オールラウンダーといえば聞こえはいいものの、現実には「なんでも屋」的な器用貧乏《きようびんぼう》がほとんどです。

そんなホワイトカラーならいらないということで、はじめから一芸深耕《いちげいしんこう》の「I型人間」が見直されるようになってきました。文字通り一直線に深く特定の実務能力を磨く専門職タイプです。

コンピュータ関連会社では、文系理系を問わず、入社した時点から全員プログラマーやシステム・エンジニアの社内資格を取得させるところが少なくありません。これまでのように、文系大卒だからといって、長く管理部門や営業部門に配属させるようなことはせず、自分で自分を養《やしな》える専門能力を身につけさせるのです。

T型やI型は、能力発揮のタイプを図式化しただけで、それ以上の要素は含まれていません。それに対して、S型とは各人がそれぞれの生き方を戦略的に考える具体的な方法論です。

どんな生き方を選択するかはまったく自由ですが、必ず五つのSを満たす見取り図を描かなくてはいけません。さらに、自分自身に対しても六つ目のS、すなわちSincerity《シンシアリティー》（誠実であること）を保障するものであってほしいのです。

「願望達成シート」に心のおもむくまま夢を書こう

では、S型人間として、自分の人生のシナリオをどう書き、それをどう実践すればよいのでしょうか。

あなたは現在に至るまで、すでにこの世で何日生きてきたか計算してみたことはありますか？　「ない」と答える方が大半だと思います。漠然《ばくぜん》と、けっこう長く生きてきたと感じる程度でしょう。正確に数字であらわしてみることは、物事を切実に具体的に考えるうえで、とても大切なことです。

いま二十五歳の人は、すでに八千八百日あまりの日々を生きてきたことになります。食事の回数はざっと二万六千回。二十代をのんびり楽しむのもけっこうですが、これだけの日数を経《へ》てなお人生の目標が何も定まっていないようでは、のんびりしすぎというもの。せめて、この世に在籍して一万日目のメモリアル・デイを迎えるまでには目標設定のシナリオを書こうと決めておいてください。ちなみに、生誕一万日目は

【シート2】 ◆ 願望達成シート

願望の内容	いつまでに？	どんな方法で？	障害とは？	どう克服する？

二十七歳と五カ月目にやってきます。

より豊かな自己実現を図るためには、第1章でもふれた通り、まず自分の夢や願望を再確認するところから始めなくてはいけません。子供の頃やったように、「一番大きな夢はこれ、二番目はあれ」といった具合に書き出してみるとよいでしょう。無理だとか、恥ずかしいだとか考えるのは禁物《きんもつ》です。心のおもむくままに書いてみてください。実現する可能性を探《さぐ》るのはその次のステップです。

【シート2】の「願望達成シート」に、最低三項目を記入してみてください。「願望の内容」欄《らん》は、自分にとって願望だと思えることなら何でもかまいません。「資格をとって独立開業」「ホノルル・マラソンに出場」「専門分野での著書出版」「事業を起こして社長に就任」など、どれも立派な願望です。

次にそれらの願望を、いつまでに、どのような方法で達成するのかを明確にします。じっくり考えていくうちに、おのずから障害となるものも浮かび上がってくるでしょう。どうすればそれを克服できるのかも、考えなくてはいけません。

夢は人の心意気を映す鏡《かがみ》

社員研修の一環《いっかん》として「願望達成シート」の記入を受講者にお願いすると、何も書けないで頭を抱《かか》えてしまう人がいるものです。書いても「幸せであたたかい家庭づくり」や「クルマを購入する」などのように、抽象的で曖昧《あいまい》な表現だったり、逆に簡単すぎる願望だったりすることがあります。

「幸せであたたかいマイホームづくり」と記入した人は、「いつまでに？」が若いうちに、「どのような方法で？」が幸せな結婚と子供づくり、「障害となるもの」は病気・ケガ、「それを克服する方法」は健康管理、という答えでした。

「クルマを購入する」と書いた人は、「いつまでに？」——三十歳までに、「どのような方法で？」――貯金して現金払い、「障害となるものは？」――無《む》駄《だ》遣《づか》い、「それを克服する方法は？」――倹《けん》約《やく》。

どちらも当人にとっては願望なのでしょうが、どうせなら自己実現を図るという観点から、具体的なプロセス管理を必要とするような願望を描いてほしいと思います。

夢や願望は、その人の心意気を映す等身大の鏡《かがみ》のようなものです。かなうかどうかは別として、できるだけ大きな夢を育てたい。そしてそれを実現させるべく地道な努力を続けたいものです。

心をむしばむ「弱気の虫」を発見する

「夢を描き、高い目標を掲げ《かか》て、やれると信じてとことんやり抜く。子どものような純粋な心で」（桜井淑《よし》敏《とし》著『ゼロからの挑戦』〔祥伝社〕）
二〇一三年五月、自動車メーカーのホンダは世界最高峰の自動車レースＦ１（フォーミュラワン）に復帰すると発表し、話題になりました。Ｆ１グランプリへの参戦は創業者・本田宗一郎《そういちろう》の宿願でもあり、それを実現した一九八〇年代の後半、チームホンダは世界チャンピオンに君臨した輝かしい歴史をもっています。

右に引用した桜井淑敏氏は、当時のチームホンダ総監督をつとめた伝説の人です。桜井氏が本田技研工業の設計担当チーフとして無公害エンジンCVCCを開発し、世界に先がけて廃ガス規制をクリアしたのは二十代後半のことでした。F1チーム総監督に就任したのは四十歳のとき。連覇《れんぱ》を果たして再び世界を驚かせたものです。将来のホンダの社長候補といわれながら突然退社し、F1グランプリの伝道師《でんどうしてき》的な仕事を始めたのは四十四歳のとき。私がお会いしたのはその翌年でしたが、獅子《しし》のように強い眼光《がんこう》と子供のようにまっすぐな視線が印象的な人でした。

ある本の推薦文《すいせんぶん》をお願いするために出かけたのですが、二百五十ページの本に七、八分で目を通し、五分もかからずに推薦のコピーを書いてくれました。このスピードもさることながら、人生を生きるボルテージの高さのようなものに圧倒されたのを憶《おぼ》えています。

桜井氏のレベルは別格として、自分の夢や願望そのものがどうもはっきり描けないという人も大勢いることでしょう。その人たちはまったく夢を持っていないわけでは

【シート3】◆ **弱気の虫チェックシート**

弱気になってしまうこと	その理由は？	どうすれば退治できる？

ありません。そうではなく、半分以上の人はただ、はっきり意識して夢を思い描いたことがなかっただけのこと。人生に引っ込み思案《じあん》で、何事にも受け身で対処する消極的なタイプが多いのです。

そういう人は一度、【シート3】の「弱気の虫チェックシート」に、自分が消極的になってしまう理由を書き出してみるといいでしょう。深刻になる必要はありません。遊び心で書くぐらいの軽い気持ちで臨んでください。

弱気の虫を退治する方法が一つ二つしか浮かばなくても、落胆《らくたん》するには及びません。一つでも思いつけば儲《もう》けものです。前向きなアイデアが得られたのですから。何であれ、問題は具体的なかたちにして目の前に置いてみること。それが問題解決のコツというものです。

ほんとうの自分を知るということ

弱気の虫を追求してみれば、自分の夢や願望を阻害《そがい》している考え方や性格の問題が浮き上がってきます。おのれを知ることの第一歩といえるでしょう。

夢を描くといっても、それが自分の持ち味や能力と合致《がっち》しないものであっては、すぐに埃《ほこり》をかぶってしまいます。ふだん人生を展望する習慣のない人がいきなり「願望達成シート」に向かうと、実感の伴《ともな》っていない、つまり本気でチャレンジするつもりのない額縁《がくぶち》入りの絵のような夢を描くことが少なくありません。

「三十歳までに行政書士、三十五歳までに社会保険労務士、四十歳までに中小企業診断士の資格取得。四十代で割増し退職金をもらい、コンサルタントとして独立」

これ自体は現実的な目標ですが、書いた二十五歳の当人は各資格の受験科目もよく知らなかったという、笑うに笑えない例があります。つまり、本気で考えているわけではなかったのです。

自分にふさわしい目標を設定するためには、自分の強み・弱みを正しく認識してお

【シート4】 ◆「わたし」棚卸《たなおろ》しシート

「いつまでやっていても飽きない」と言えることは？

人より優《すぐ》れていると自負できることは？

いまの生きがいを３つあげるとしたら？

性格や、人間関係における長所は？

性格や、人間関係における短所は？

時間をかければできることは？

短時間でできる自信のあることは？

2020年までに達成したい目標は？

くことが欠かせません。【シート4】の『わたし』棚卸《たなおろ》しシート」に記入してみてください。この程度の設問で考え込んでしまうようでは、「わたし」は永遠に「他人」のままです。

仕事そのものを楽しむ

願望とは、ひとくちに言って自分の好きなことです。やりたいこと・なりたいものなど、心が欲する事柄の総称です。それを達成するのが自己実現という言葉の意味ですが、そうは単純に納得できない人たちがいます。

「人間は自分が好きなことだけやっていて許されるんでしょうか?」

こんな哲学的(?)な質問を、私は何度も若い世代から受けたことがあります。もちろん、当人にとっては冗談などではありません。

働くことは貴《とうと》いことであり、多少の自己犠牲《ぎせい》を払ってでも社会に貢献する人間にならなくてはいけない——というような親や教師の教えを素直に信じ込んでいる秀才タイプに、しばしば見られます。「好きなこと＝遊び＝子供の領分」であり、「働くこと＝労働＝社会人の責任」であるという図式が、頭にインプットされていて融通《ゆうずう》がききません。古い言葉でいえば教条主義的《きょうじょう》になっているわけです。

こういう質問に対して、私は「好きなことだけやるのが最高の自己実現です」と、声を大にして答えることにしています。

国の文化の発展に多大な貢献をしたとして授与《じゅよ》される文化勲章《くんしょう》を考えてみてください。小説家、音楽家、建築家、画家、陶芸家《とうげい》など、長年さまざまなジャンルで活躍されてきた人がその対象になっています。国家の名によって栄誉《えいよ》を称《たた》えるのですから、社会的貢献度は極めて高く評価されるわけですが、受賞者の中に、はたして自分の仕事を「労働」だの「社会的責任の遂行《すいこう》」だのと考えている人がいるでしょうか。

ほとんどの人は自分の好きなことを好きなように、勝手にやっているにすぎません。それは労働というより、むしろ遊びといったほうが本人の実感に近いだろうと思います。小説家は小説を書くのが好きだから書く。画家は絵を描《か》くのが好きだから描く。他の遊びよりはるかに面白いから、寝食《しんしょく》を忘れてそれに没頭《ぼっとう》するのです。でき上がった作品にお金を払ったり、すばらしい仕事だと評価してくれたりするのは他人であって、本人は遊んでいるにすぎません。

第1章で夏目漱石《なつめそうせき》の講演録「道楽《どうらく》と職業」にふれましたが、まさに芸術家の仕事は道楽の最《さい》たるものです。人が評価し、お金を出してくれなかったら文字通りの道楽家、つまり「遊び人」と呼ばれてしかるべき人種でしょう。

だから「芸術家は尊敬に値《あたい》しない」だの、「彼らの仕事は例外的職業」だのと結論づけるつもりはありません。むしろその反対です。自分の仕事にどれだけ遊びの要素を取り入れることができるかによって、自己実現の達成感は高まります。だから遊び上手になることが人生を楽しみ、謳歌《おうか》する大きなポイントとなるのです。

格好《かっこう》いい職業ほどリスクを伴《ともな》う

芸術家を例にとると、それは例外的な職業ではないかと反論する人たちがいます。才能のない人間がまねをしても単なる道楽でしかないからでしょう。

しかし、才能や能力がなければ評価されないということや、作品が買い取られなくては職業として成り立たないことなどを考えれば、実はいまの時代に求められている職業観が浮き彫《ぼ》りになってきます。

小説家や画家などの「～家」と称される職業は、「完全独立型自由業」に当たると第1章で述べました。17ページに紹介したビジネス・スタイルの六つの分類を思い出してみてください。「完全独立型自由業」で成功をおさめることができるのは、ごく少数に限られますが、そのかわり世の賞賛を集めます。ほかに替わり得る者がいない稀有《けう》の人材だからです。

ただ、創造力の衰《おとろ》えた小説家はやがて売れなくなり、読者から忘れられていきます。三割バッターといえども、二年続けて二割台前半に低迷すれば、おはらい箱《ばこ》になるでしょう。成績に応じて取り分が決まる「出来高払い制度」とは、こういうことなのです。年俸制《ねんぽうせい》の導入によってサラリーマンの給与もかなり増減するようになったとはいえ、「完全独立型自由業」や「独立型自営業」のリスクの大きさと比べれば恵まれたものです。

小説家は、いくら時間をかけて膨大《ぼうだい》な量の原稿を書いても、売れなければ収入になりません。一億円プレーヤーも、成績不振でクビになれば選手生命はおしまい。明日から求職活動が始まります。会計士や社会保険労務士だって、事務所はかまえても仕事を取れなくては生活できないのです。

こうして考えてみると、ちょっと格好《かっこう》いいと思われている職業であればあるほど、むしろリスクを伴《ともな》う仕事であることがわかるでしょう。

読者のみなさんは、企業社会における能力主義も、この文脈と共通するものであることに気がつくはずです。過去の業績や年功だけでは評価されないという点では、芸術家もスポーツ選手も、新時代のビジネスパーソンも変わりません。

リスクを恐《おそ》れるなら、あるいは特異《とくい》な才能や能力に恵まれていないと自覚するなら、公務員や企業人としての道をまっとうしたほうが賢明です。「組織依存型自営業」あるいは「組織依存型協業」の分野でも、そこに自分なりの夢や目標をきちんと描ける限り、「ひとかどの人物」たりうることは充分に可能なのですから。もちろん、企業人といっても、現代では正規・非正規の雇用形態によるリスクがあり、年を取ればリストラという問題も見え隠れしてきます。

いけないのは、自分が選択した道を卑下《ひげ》したり、目標達成を安易に放棄《ほうき》したりしてしまうことです。

できない理由は口にしない

先日、赤ちょうちんの店でこんな会話を耳にしました。

「人間はみんながみんな望み通りの人生を送れるわけじゃないから」

「そう。みんなして好き勝手なことをしていたら社会がパンクしちゃうよ」

「結局、誰かが〝ババ〟を引かなきゃなんないわけだ。それがオレだったわけだ」

「オレだって同じだよ。努力して夢がかなうなら、誰も苦労なんかしねえ」

どこでも聞ける酒のうえの話にすぎません。ただ、当事者がまだ二十代の若者だったことにさみしい気持ちを味わいました。

お酒で憂《う》さを晴《ば》らすのもストレス解消の手だてでしょうが、二十代にしてこの感じでは先が思いやられます。現状の追認《ついにん》や互いの傷をなめ合うような言葉など、まだ艶《つや》やかな顔をした若者には似合いません。「十年早い」というやつです。

先に、「好きなことだけやるのが最高の自己実現」と書きました。好きなことをしたければ、それがかなうような激しい努力をしてみればいい。「全部、好きなことだけ」というのがむずかしければ、どの程度までなら可能なのか、身をもってチャレンジしてみればいいのです。理屈はいたって簡単です。

「努力しても夢がかなわない」と言う前に、そう言えるだけのことはすべてやってみなくてはいけません。意地悪に聞こえるかもしれませんが、御託《ごたく》を並べる人間というのは、ほとんどがそれに値しない人ばかりと昔から相場が決まっています。

何であれ、できない理屈を口にするのは人生の半ばを過ぎてから。そう覚悟しておくといいでしょう。ご存じの通り、日本人の平均寿命は世界でもトップクラスです。「人生の半ば」は男性でおよそ四十歳、女性で四十三歳。あなたが二十代であれば、まだ当分は弱音を吐く資格などないと思っておいて間違いありません。

私の友人に優秀なコピーライターがいます。コピーライターといえば、多くの人が憧《あこが》れるカタカナ職業の中でも難易度の高い職業です。華やかなイメージがありますが、センスだけではなく、かなりの知的レベルも要求されます。

友人は大学時代に森鷗外《おうがい》の作品を全部みずからの手で書写しました。彼の感覚には、漢文とやまと言葉の美しさが調和した森鷗外の文章が最高のお手本に感じられたからです。熟読するだけでも勉強になるはずですが、彼は書き写すことによってさらに自分の言語感覚を磨こうとしたわけです。

コピーライターというと、才気にまかせて適当に言葉をいじりまわしていればいいように感じる人もいるでしょうが、ほんとうのプロになるためにはやはり人知れぬ努力が欠かせないということです。

これまでの自分を検証してみる

「『わたし』棚卸しシート（53ページ）」に自分の姿を書き込んでみると、単に頭で想像する以上のことがわかるものです。たとえば、「いまの生きがいを三つあげるとしたら？」の質問に考え込んでしまう人もいれば、「時間をかければできることは？」の答えが思いつかない人もいるでしょう。

なんとなくいい大学を出て、いい会社に就職できたと安堵《あんど》している人、このままのんびりサラリーマン生活を送ることができる、それが既成の事実だと思い込んでいる人などは、とくに注意が必要です。やがて人生の暗礁《あんしょう》に乗り上げたとき、打つ手が見当たらず、茫然自失《ぼうぜんじしつ》するのはこういうタイプに多いのです。

将来の自分のあるべき姿をしっかり見据《みす》えるためには、今日《こんにち》に至るまでの歩みをまず再確認しておくことです。はじめにシートに箇条《かじょう》書きで記入し、続いてシナリオを書いてみるという方法で実行しましょう。

あなたがすでに社会人なら、左ページの【シート5】「これまでの『わたし』シート」を完成させてみてください。未体験の項目を除いて三つ以上ブランクになる人は、ややぼんやりと生きてきた傾向が見られます。これからの課題として考えてみてください。

人生最悪のシナリオとバラ色のシナリオ

経営企画を立案する際の手法の一つに「シナリオ・ライティング法」があります。

これは自社が遭遇すると考えられる近未来の経営環境について三通りの予想を立て、

【シート5】✦ これまでの「わたし」シート

現在の会社に入社するときの志望動機は何だったか？	
そのときの抱負は？	
入社時の抱負はその後、変化したか？実現したか？	
入社1、2年後「この人のようになりたい」と思った職場の先輩は？	
いま目標としている人は？	
入社した頃の職場の最大の魅力は？	
今後に望む職場の魅力とは？	
そのために自分が貢献できることは？具体的な方法は？	
入社当時、自分がいちばん打ち込んでいたことは？	
いま打ち込んでいることは？	
はじめて後輩（あるいは部下）ができた時期は？	
当時どんな先輩（あるいは上司）になろうと思ったか？	
これからどんなリーダーになろうと思っているか？	
その頃、先輩に対して最も配慮したことは？	
いま最も配慮していることは？	
結婚した頃、どんな家庭を築きたいと思ったか？	
それは実現できたか？	
（実現できていない場合）どうすれば実現できると思うか？	
そのために自分がなすべきことは？	
20歳の頃の生きがいを3つあげるとしたら？	
現在の生きがいを3つあげるとしたら？	

どのように対応していくかをストーリー形式で（物語のシナリオを書く要領で）まとめるものです。

三通りの予想とは、さまざまな環境要因が現状のまま推移《すいい》したとき（現状シナリオ）、明るい見通しになったとき（バラ色シナリオ）、暗い見通しになったとき（灰色シナリオ）の三つです。

S型人間として戦略的発想から人生を展開していくためには、このシナリオ・ライティング法がたいへん役に立ちます。

個人の人生をテーマとする場合は、シナリオに次のような要件を満たしておく必要があります。

□時　間……何年（何歳）の時点を描くか
□場　所……どこで生きているのか
□「夢」の実現度……どの程度かなっているか
□職　業……どのような仕事をしているか
□職場の様子……活性化しているか
□人間関係……阻害要因はないか

□家族構成……現状のままの推移か
□経済状況……資産、貯蓄の状況は
□健康状態……自分と家族の健康度はどうか
□自己啓発……何をどう実践しているか

これらを盛り込んだうえで、「現状」「バラ色」「灰色」の三つのシナリオを書きます。はじめは四百字程度の短いものでいいでしょう。まず、想像力を働かせるのに慣れることです。だんだん八百字、千二百字と長めのものにチャレンジしていきましょう。

十年後の灰色シナリオ

十年後、山本翔平《しょうへい》（自分）は三十九歳になった。勤務先の●●工業では勤続十七年目を迎えたが、会社の業績は悪化の一途をたどり、ここ数年は毎年のように希望退職者を募《つの》っている。地方への本社移転のうわさも出ており、マイホーム取得の夢など当分かないそうもない。すでに本社スタッフの三割近くが支社の営業部門に送り込まれたり、関連会社への転籍扱いになったりしており、いつ自分の番がまわってくるかと、みな首をすくめて戦々恐々《せんせんきょうきょう》の日々を送っている。

息子の健太は高校受験に失敗し、一年浪人することになった。進路の問題で親子の意見が対立してからめっきり口数が減り、家族のコミュニケーション全体がおかしくなったような気がする。会社のこととあわせ、目下《もっか》の悩みのタネである。

職場のサークルで始めようと思っていた英語の勉強会は、何度か軌道《きどう》に乗りかけたものの長続きせず、いまでは完全に開店休業のありさまだ。中学一年になった娘の沙耶香とともに、いずれ初歩の初歩から再開してみたいと思っている。

このまま年を取っていくのは、なんとなくさみしい。マイホームと英語の勉強のほかにも、何か情熱を傾けられるものがほしい。三十代のうちから、それなりの資格を取るなり専門的な能力を開発するなりして、手を打っておくべきだったと反省している。

四十歳になると、会社のライフプランニング・セミナーへの参加が義務づけられる。もう中高年の一員なのだから、これからの人生設計を真面目《まじめ》に考えなさいと会社から忠告されるわけだ。早く自分なりの活路《かつろ》を見いだしておかなくては。

十年後の バラ色シナリオ

十年後、山本翔平（自分）は三十九歳になった。勤務先の●●工業では勤続十七年目を迎え、会社の業績は引き続き堅調《けんちょう》、部下数人の指導を任されている。

三十代で一度、川崎にある工場に転勤になったほかは東京の本社勤務が続き、かねてからの計画通りこの年の四月にマイホームを持った。月々のローンの返済が八万円、ボーナス時が三十万円なので、社宅時代に比べるとやりくりが少しきつくなった。しかし家族はみな健康で仲よく、働きがいもある。

息子の健太は第一志望の高校への進学がかない、娘の沙耶香は中学生になった。それぞれ幼少の頃から得意だったバスケットボールとピアノの方面で才能を発揮しているのは、親として楽しみなところだ。

翔平本人は、軟式野球の同好会のほうは声をかけられたら参加する程度だが、十二年前から健康管理の一環として妻と始めたジョギングが病《や》みつきになってしまった。三十五歳の年に市民ランナーとして出場したハーフマラソンの大会で、妻と二人、みごとに完走することができた。次の目標はホノルル・マラソンへの挑戦だ。週の半分は妻とジョギングに精《せい》を出している。ときどき健太も一緒に走って応援してくれる。こんな家族だから、心の断絶《だんぜつ》などはない。

いずれカタコトくらいは話せればと思っていた英語は、五年前から職場に勉強会をつくって週に二回継続している。外国人が職場に増えたこともあって仲間は十人、けっこう楽しくやっている。簡単な日常会話なら、なんとか通じるようになった。いずれホノルルの現地で成果を試すのが目下の夢である。

五年後の自分を想い描いてみよう

前のページに掲げたシナリオは、実際に研修の場で受講者に書いてもらったシートを少し加工したものです。当時二十九歳、すでに二人の子の父親となっていた家電メーカー主任が、十年後の自分自身の姿を想定して描きました。

二通りの八百字シナリオを二時間かけて完成させた後、この受講者はしみじみ言ったものです。

「自分のことはまだなんとか書けますが、会社や家族のこととなるとむずかしいですね。十年先のことなんか全然わかりませんから。正直言って、考えたこともなかったです」

そう。「十年先のことなんかわからない。だから、考えたこともない」というのが、一般的な感想ではないでしょうか。

とくに二十代の若いうちは、いまを楽しむことにエネルギーのほとんどが費《つい》やされています。将来の夢といっても、せいぜい二、三年先のことをぼんやり想い描く程度でしょう。真剣に構想を立てようとする人はごく少数に限られます。

太陽が傾き出す頃になってから、「こんなはずじゃなかった」「もっといろいろ準備しておけばよかった」と漏《も》らすのは、大昔から繰り返されてきた人間の嘆《なげ》きなのです。

自分の人生の灰色シナリオを書いてみることによって、ならばいま何をすべきかが見えてくるでしょう。灰色シナリオの悲観的な内容そのものは、実現しないにしたことはありません。環境的要因については自力《じりき》だけで変えることはできませんが、それに対応する処方箋《しょほうせん》をあらかじめ用意しておくことは可能なのです。

例として引用した家電メーカー主任の場合は、ビジネスのスタイルとして「組織依存型協業」タイプなので、独立や自営などの選択肢はなく、会社の状況や家族の変化に主眼が置かれています。会社がどうなっているかは、個人にとって環境的要因の一つといえるでしょう。

家族の変化についても、それに自分が主体的にかかわっていくことはできるものの、すべてを思い通りにコントロールすることはできません。想定される灰色シナリオにどう対処するべきかを予習しておくのと同時に、むしろ自力によって変えられる要素にこそ、しっかりした方針を立てて集中的に取り組む姿勢が大切です。その対象が自分自身であるということに、異論を差しはさむ余地はありません。

実際にやってみると、未来シナリオを書くという作業がいかに想像力を必要とするかが実感できます。また、私たちがふだんどれほど将来的展望とは無縁に生きているかも納得させられます。

次のページの【シート6】「五年後の『わたし』シート」を、灰色・バラ色ともに記入し、それをもとにシナリオを作成してみてください。

【シート6】 ✦ 5年後の「わたし」シート

	バラ色 Ver.	灰色 Ver.
年齢		
家族構成		
健康状態		
職業		
地位		
年収		
仕事の内容		
副業の有無		
その内容		
資産の有無		
その内訳		
公的資格		
研究事項		
特技		
趣味		
友人の数		
その内訳		
人生の夢		
その達成度		

自分らしく生きるということ

この章のはじめに「願望達成シート」というものを掲げました。それがS型人間として、戦略（Strategy）《ストラテジー》、選択（Selection）《セレクション》、専門領域（Specialty）《スペシャリティー》、スケジュール（Schedule）を明確にし、人生のシナリオ（Scenario）を描くための最初の作業であるからです。

左ページの【シート7】「願望達成ステップシート」は、さらに進んで、それらの願望に優先順位をつけ、具体的な目標や達成の手段と方法を詳細に決めるものです。達成するために、この一年の間に取り組むことは何か、さらに四半期（三カ月）単位の目標をどのへんに設定しておくかなど、順を追って考えていけば、計画的に取り組むことができます。

世の中には、アーティストになりたい、資格を取りたい、いずれ事業を起こしたいなど、「タイ」だけの夢を見続けている人が少なくありません。しかし、期限つきの具体的な目標を掲げ、一歩一歩ステップを踏んで実践していかない限り、夢は単なる

【シート7】◆ 願望達成ステップシート

願望

優先順位

目標

○ 年後のビジョン

達成するための手段

方法（具体的なステップ）

1

2

3

4

5

この1年間で実行すること

夢想で終わります。「なりタイ」「起こしタイ」のように夢想的な表現をしているうちは、実現の可能性はないに等しいと思って間違いありません。

では、実現させるための能動的な表現とは、どういうものでしょうか。

タイを省《はぶ》いて「なる」「取る」「起こす」でいいのです。この簡潔な表現とともに、願望を達成する強い決意を表明するのです。誰に対して？　もちろん、自分自身に対してです。

「なりたい」と「なる」、あるいは「取りたい」と「取る」は、単なる言いまわしの違いにすぎないと思われる方もいるでしょうが、そうではありません。

私が知る範囲で、何か大きな夢を実現させた人は、ほとんどそれを既定の事柄として視野に入れていたものです。「なりたい」だの「なればいい」だのの一歩引いた態度で成功をおさめられることなど、まずありません。あったとしたら、もともと不言実行か少言《しょうげん》多行《たぎょう》をよしとするタイプの人だけです。

よく「自分らしく生きられればそれでいい」というような物言いをする方がいます。しかし、じっくり話を聞いて分析すると、大半が「心のままに生きる」あるいは「人を傷つけることなく優しく生きる」かの、どちらかの意味でしかありません。どちらの場合も、突っ込んで質問すると答えに窮《きゅう》してしまうものです。

心のままに生きるためには、自分の心の内容を熟知《じゅくち》していなくてはなりません。優しく生きるためには、優しさの意味をしっかり定義しておかなくてはなりません。

「自分らしく生きたい」と願うなら、禅寺《ぜんでら》の和尚《おしょう》のような言い方はやめて、「自分らしさ」の中身を具体的に検証し、明らかにすることから始めるのが一番です。次のページの【シート8】を使って考えてみてください。

【シート8】 ◆ 自分らしさ発見シート

「自分らしさ」を定義してみると？

「自分らしさ」を具体的にあげてみると？

1

2

3

親しい人から「あなたらしさ」をあげてもらうと？

1

2

3

自分の天職と思えるものは？

自分には向いていないと思われる仕事は？

自分が「したくない」と思う仕事は？

自分らしく生きるためのポリシーは？

自分らしく生きるために欠けているものは？

それをどう解決するか？

第3章

《交《まじ》わる力》

人間関係に強くなるバランス力

1 成功の秘訣《ひけつ》は「折れない心」

この章では、二十代で身につけておきたい心がまえや考え方について具体的に論じます。目的は、自己実現を図るためであることは言うまでもありません。

第一は、くじけない心を持つということ。

「何を当たり前なことを」と感じる方もいるでしょう。しかし、実際にこの心がまえをきちんと体現している人はごく少数にすぎないというのが、私の率直な感想です。

くじけない心、失敗から教訓を学ぶ強《したた》かさ、プラス思考の重要性。そうした基本的な心がまえについては、本書を含め多くの啓発書が紙幅《しふく》を割《さ》いているわけですが、その理由は「言うは易《やす》く行うは難《かた》し」。誰もが頭ではわかっていながら、実行できていないからです。

自分の願望を達成するためには「〜したい」のような夢想的表現ではいけないということは、前の章で述べました。達成することを既定の事柄として強く自分に誓《ちか》わなければ、何事も実現しないものです。

だからといって、人間の夢や願望は必ず成就《じょうじゅ》すると決まっているわけではありません。失敗が続いたらどうするのか。

「**成功するまで挑戦を続ける。そうすれば失敗者にはならない**」

この単純にして力強い言葉を吐いたのは、積極的思考の元祖《がんそ》ともいうべきナポレオン・ヒルです。彼は世界的ベストセラー『成功哲学』（産業能率大学出版部）の中で、次のように述べました。

「**もし最初の計画が失敗したらどうすればよいのだろうか？　迷うことなくただちに次の新しい計画を立てるだけだ。もしその計画も失敗すれば、またすぐに次の新しい計画を立てるのだ。つまり、完全に成功をおさめるまでは、何度でも何度でも新しい計画を立てつづけるのだ。まさにここが成功のポイントなのである**」

物事をシンプルにプラスに捉《と》える

ナポレオン・ヒルの言葉にはじめて接する人は、たいていが「古くさい精神論じゃないか」と反感を覚えるようです。一見、古くさい精神論のように見えても、その強かさこそが、現実に人の心を駆《か》り立てて物事を成就させる力になるということは、実践してみないとわかりません。まずはだまされたと思って、素直にこの心がまえを受け入れてみることです。

若いビジネスパーソンにこうした話をすると、たいてい反応は二つに分かれます。

「そういえばそうですね。実際にやってみます」

「発想が単純すぎませんか。子供だましみたいな感じで」

まさにプラス思考とマイナス思考のお手本です。

単純な発想といえばその通りでしょう。しかし複雑な発想が高尚《こうしょう》なものと考えるのは間違いです。むしろその反対で、真理とは多くの場合、単純にして簡明なものなのです。

「挑戦し続けるかぎりは敗者ではない」

プラス思考は、何かにチャレンジする上での偉大な知恵といっても過言ではありません。それを受け入れて実践する人たちの側に、より多くの成功者が輩出されるのはまぎれもない事実であり、当然の結果であるともいえます。

第二の心得は、つまらない批評家にならないという自戒の精神です。

自意識の強い人は往々にして批判精神も旺盛《おうせい》で、他人の意見に耳を傾けるよりも、それを批判することに意識が向きがちなもの。ああ言えばこう言う式の、単なる文句言いが少なくありません。

かつて「人間通」として知られた谷沢《たにざわ》永一氏によると、自尊心の強い人間は次の三つのタイプに分類できるそうです。

第一種：器量の大きい穏やかな人格者

第二種：けたたましく騒《さわ》がしい自己宣伝屋

第三種：他人を罵倒《ばとう》してみずからを高しとする当たり散らし屋

そして、**「世に謂《い》う批判精神の十中八九は、第三種の自尊心に点火された焼却炉《しょうきゃくろ》の如《ごと》き炎である」**（『人間通』〈新潮文庫〉）というのです。

会社の中にも、規模が大きくなればなるほど批評家めいた人が多くなる傾向がみられますが、谷沢氏の指摘通り、その大半は不平不満型の文句言いにすぎません。人に意見されると、条件反射的にかまえてしまい、批判の言葉が口から出る。アドバイスは本質的に受け入れられません。

この性格は、組織人としてまさに致命的《ちめいてき》な欠陥です。二十代のうちに徹底的に自己改造を図らなければなりません。

自分も他人も責めすぎない

批判精神の強い人は、たいてい他人の揚《あ》げ足取りに夢中になるものですが、生真面目《きまじめ》な人の中には、その矛先《ほこさき》が自分自身に向かう例があります。みずからを顧《かえり》みる反省の心があるのはたいへんよいことですが、それも程度ものです。自己嫌悪《けんお》のあまり自暴自棄《じぼうじき》になったりしては、元《もと》も子もありません。

フランスを代表する詩人ヴェルレーヌによる「**撰《えら》ばれてあることの恍惚《こうこつ》と不安と二つわれにあり**」という有名な詩句があります。これを自作の処女小説集『晩年』に引用したのは太宰治《だざいおさむ》でした。ご存じの方も多いでしょうが、太宰治は名家のお坊ちゃんとしての強い自負と、性格の弱さからくる道化《どうけ》の精神との板ばさみで悩み、破滅的な人生をたどった小説家です。

太宰治の場合、小説家として人一倍鋭《するど》い感性を持っていたことが苦悩の度合いを深めたことはたしかですが、普通の社会人として日々を送っているビジネスパーソンの中にも、実は同じような自己嫌悪に苦しんでいる人が少なくありません。

どちらかといえば、太宰治に似て、厳格な家庭の生まれで成績優秀、向上心が強く克己的《こっきてき》なタイプによく見受けられます。このタイプの人は、理想が高く、自己規制のハードルもまた高いために、何をしても「まだまだだ」と満足できません。

すぐに妥協《だきょう》する人よりは、ぎりぎりまで自分に負荷《ふか》を課すタイプのほうが大きな事をなしとげる可能性も高いのですが、自己嫌悪のため精神に障害をきたしやすいのもこの人たちなのです。

一生懸命に努力する自分と、自分を高みから見おろして無力ぶりを冷笑《れいしょう》するもう一人の自分がいる。彼らはよくそんなふうに告白します。現実の自分と「かくあるべし」の理想の人間像の間で惑《まど》い苦しみ、そのうち生きていることさえ嫌になってしまうのです。

高い目標を掲《かか》げて、とことんやり抜くことは大切ですが、たとえ失敗しても自分を責めないこと。別の言い方をすれば、何かに苦しんだり悩んだりするのは大いにけっこうですが、その自分に悩まないことです。

気質的に粘着質《ねんちゃくしつ》の人はどうしても自己嫌悪に陥りがちなので、そのつらさは同じ悩みを持つ人でないと理解できません。とにかく、「失敗している間は必ず前進しているのだ」と信じて、明日に夢を託《たく》すことです。「自己完成」までには、まだまだ長い時間があるのですから。

わかりやすいモットーをつくろう

心理学者であり精神科医の山田禎一《ていいち》氏の『もっとアバウトに生きてみないか』（かんき出版）という本があります。だいぶ古い本なのですが、ゆったりとした心で自分をブラッシュアップするためのヒントがたくさん並んだ良書です。

これを若い友人に紹介したところ、この本が提唱《ていしょう》する生き方をモットーにしたいというメールが届きました。几帳面《きちょうめん》すぎる性格が災《わざわ》いし、自分で自分の人生を生きにくくしているような生真面目なタイプには「アバウト」もよいモットーになるでしょう。

山田氏はこの本の中で、次のような小さな心がけを勧めています。

✦視線を十五度あげてみる

✦胸を張り大きな声で話す

✦いつでも心から笑う

毎日を明るく充実して生きるための知恵は、こうした何気《なにげ》ない心がけや、具体的な行動の中にあるものです。

大げさなものでなくてかまいません。むしろスローガンばかりが立派すぎて行動に結びつかない指針より、その気になればすぐ実践できるモットーのほうが役に立ちます。

ギリシャの哲学者ソクラテスは、この世界で大切なのは「真《しん》・善《ぜん》・美《び》」であると説きました。これは行動の指針というよりは思想の領域の事柄ですが、「真・善・美」のように三つをワンセットとして考えると、物事はわかりやすく、また記憶しやすくなります。

人間を成功に導くのは「運《うん》・鈍《どん》・根《こん》」であると主張したのは、『菜根譚《さいこんたん》』の著者・洪自誠《こうじせい》です。強い運勢に恵まれること、あせらずじっくり進むこと、根気よく続けることが成功の三要素とみたのです。中国文学者の諸橋轍次《もろはしてつじ》氏は「誠《せい》・明《めい》・健《けん》」を唱えました。

こんな話を、入社三年目の若者を対象とした研修会で語ったところ、「自分は『三こう』をモットーにしています」と、ある出席者が答えました。「三こう」と聞くと、ひと昔前にはやった「高身長・高学歴・高給取り」の「三高」かと思ったのですが、そうではありませんでした。「好奇心・向上心・行動力」だというのです。うまい言い方をするものだと感心しました。

歴史上の人物が残した言葉をモットーにするのも悪くないですが、どうせなら自分で考えたものを指針としたいものです。等身大の自分に合った励《はげ》みとなる言葉、つらいときに自分を支えることができる、あたたかくて勢いのある言葉であれば何でもいいのです。

「気持ちのいい人」になろう

「『朝夕の食事はうまからずともほめて食うべし』伊達政宗《だてまさむね》の言葉だそうだよ。うまいことを言うものだね」

ある日、友人が言いました。

彼によると、この言葉には二つの教訓があるそうです。

①人がつくってくれた食事は、まずくても感謝して食べること。

②人をほめることは自分も気持ちよく過ごす秘訣《ひけつ》であること。

そういえばこの友人は、いつも機嫌《きげん》がいいという美点で誰からも好感を持たれている人物です。

機嫌がいいだけで周囲から愛される人物など、実際にはそれほど多くありません。

その逆の理由によって、人から疎《うと》んじられている例は数多く見られますが。

「偉い人にならなくていい、気持ちのいい人になれ」

これは作家の城山《しろやま》三郎氏が若いビジネスパーソンに向けて言った言葉です。

「気持ちのいい人」という表現には少し主観的・抽象的な印象があるものの、他人をも気持ちよくさせられる人だと考えれば、具体的イメージが湧いてくるでしょう。

五木寛之《いつきひろゆき》氏はベストセラーとなった著者『生きるヒント』（角川文庫）の中で、気持ちよく過ごすためのアイデアとして、「きょうはとても幸せだった。うれしかった」と、毎日一つ書き出してみることを勧めています。

五木氏は壮年期から老年期にさしかかる時期に、軽いウツを経験しました。毎日がしんどく、生きるエネルギーが湧いてこない。そんな低迷期を脱するうえで力を発揮したのが、この一日一行日記だったそうです。どんなことを書いていたのかというと、

「きょう新幹線の窓際の席にすわったので、富士山が真正面に良く見えた。うれしかった」

「デパートで買ったボールペンが、じつに書き心地がよい。とてもうれしい」

「小松空港で鱒《ます》寿司を買おうと売店にいったら、最後の一箇《こ》が残っていてラッキーだった。うれしかった」

日々の何気ない出来事に喜びを感じ、それを生きるエネルギーに転化させようとしたのです。

名をなした作家たちが、こうして日常生活の知恵などに言及しているのを解《げ》せないと感じる人もいるでしょう。

「日めくりに書いてある『きょうの教え』みたいなことを言うな。人生にはもっと

大切なことがいくらでもあるではないか」と。もちろん人生に大切なことは、ほかにいくらでもあります。

しかし「毎日気持ちよく過ごすべし」にまさる重要な日々の教えは、なかなか思いつくことができません。何を目指し、どのような生活を送るにせよ、より大きな成果をあげるためには、一人であってもグループであっても、まずは気持ちよく過ごす流《りゅう》儀《ぎ》を確立しておくことが先決です。

朝の気持ちよいあいさつ、気持ちよい笑顔、気持ちよい対応、感謝の言葉、謝り方。エチケットやマナーに属する行為にも自分なりの方法論＝流儀を持つ。それがどれほど重要なことかは、やがて三十代・四十代になった頃に、痛切な思いとともに理解できるようになります。

その年代に至って、後悔の念から自分を改めようとしても、実現の可能性はあまりありません。長年しみついてしまった不機嫌や不愉快《ふゆかい》の虫を退治するのは容易なことではないからです。

「不如意《ふにょい》の大海《たいかい》」でもまれながら生きる

社会人になるまで自由奔放《ほんぽう》に過ごしてきた人たちの多くは、会社勤めを始めると大きなカルチャーショックに襲《おそ》われるようです。それまで、朝起きる時間が自由なら、勉強するのも気分しだい。お金がなくなれば親のスネをかじればよいという、何事も意のままになってきた生活がガラリと変わるからです。

社会人としての新しい生活スタイルに早く順応できる柔軟《じゅうなん》派もいれば、すぐ暗礁《あんしょう》に乗り上げてしまう軟弱《なんじゃく》派もいます。会社に入って数年以内の転職の半数は、後者のタイプの単なる挫折《ざせつ》にすぎません。

技術や能力を充分に磨いたうえで、さらなる飛躍《ひやく》を求めての「ステップアップ転職」であれば何の問題もありませんが、二十代前半から中頃の転職の大半はそうではありません。そもそも、会社に入って二年や三年で一人前の仕事ができるようになるはずもなく、仮にそれが可能な人材なら、はじめから会社を起こすなり、人とは異《こと》なった道を選ぶなりしていたことでしょう。

自分の好きなことだけやっていられるような仕事を簡単に持てるなら、それは理想の人生といえるかもしれません。しかし、誰もがそれをいきなり実現できるわけではありません。その過程にはさまざまな不如意《ふにょい》（意のままにならないこと）が待ち受けているのが普通です。

「新しい車の開発に一生を捧《ささ》げたい」と願って、意欲満々で自動車メーカーに入る。だからといって幸先《さいさき》よく開発部門に配属されるとは限りません。むしろ本意ではないところに配属されるケースのほうが多いはずです。仮に願いがかなっても、相性の悪い上司や先輩に囲まれて暗い日々を送ることになるかもしれません。人一倍の努力を重ね、さまざまなアイデアを提案しても、すべてボツになるかもしれません。

この程度のことは、会社組織では日常茶飯事《にちじょうさはんじ》で、とりたてて不運というほどのことではないのです。組織人として成功をおさめる心得は「不如意の大海《たいかい》」をどう泳ぎきるかということ。それがたくましく生きることの意味なのです。

かつて、山田かまちの作品展が老舗《しにせ》の百貨店で開催され、大きな反響を呼んだことがあります。立案者は多くのマスコミに取り上げられて評価を高めました。山田かまちは不慮《ふりょ》の死を遂《と》げた無名の高校生ですが、そんな若者の詩画展など、名門デパートで開催することはまずありません。リスクが大きすぎるからです。

この提案も、はじめは一蹴《いっしゅう》されました。はじめだけではなく、二回目も三回目も四回目も、ことごとくはねつけられました。ようやく上の許可が下りたのは、六回目の提案のときだったそうです。よほどの確信があって、しかも説得力をそなえた企画書を提出することができたからでしょうが、「意のままにならないこと」に対してどう対処すべきかを教えてくれる事例です。

苦言《くげん》を呈《てい》してくれる人を貴《たっと》ぶ

この展示会の成功から、いくつかの教訓を抽出《ちゅうしゅつ》することができます。

- **意のままにならなくても簡単には諦《あきら》めない**
- **自信があるならしぶとく粘《ねば》る**
- **時間をおいて何度もアプローチしてみる**

講演などでこの話をすると、よく次のような反応が返ってきます。

「私もそれを実践していますが、いつも上役《うわやく》とケンカになって、結局損をします」

「はっきり言って上がアホだから、何言っても聞く耳持たないって感じです」

たしかにこのへんがむずかしいところです。

「簡単には諦めない。しぶとく粘る」という姿勢が、「ケンカになる。しつこいやつだと嫌われる」。そんな結果につながることが少なくありません。これはどう考えればいいのでしょうか。

私はこんなふうに考えています。

岐路《きろ》に立ったときは、ふだん自分に苦言《くげん》を呈《てい》してくれる複数の人の意見を聞いてみよう。

唯我独尊《ゆいがどくそん》の自立精神は大切ですが、それは独善的《どくぜんてき》・排他的《はいたてき》な姿勢と紙一重《かみひとえ》の精神です。そのことをまず認識しておかなくてはなりません。主体性を重んじることが、ただの「ひとりよがり」にすぎない例は、あなたのまわりにも掃《は》いて捨てるほど転《ころ》がっているでしょう。人は自分を客観的に見ることなどできはしないのだと覚悟しておくことです。

「自分の顔が曲がっているのに、鏡《かがみ》を責めてなんになろう」

ロシアの文豪《ぶんごう》ゴーゴリの『外套《がいとう》』という作品に掲げられたこのエピグラムはたいへん教訓的です。

自分の行動や意見が、周囲からひとりよがりだと指摘されたら、しかも何人かが口をそろえて言ったときは、信頼できる「ご意見番」に相談してみましょう。

そのためには、それに該当《がいとう》する人を日頃から見つけておかなければなりません。基本的に自分をある程度認めて評価してくれる人でありながら、ほめてくれるよりは痛いところを率直に指摘してくれる人です。

「そんな人はいない」あるいは「必要ない」と言う人がいますが、その姿勢自体が独善に陥りやすい性格であることを物語っています。

自分の意見は堂々と主張し、思うところを行動にあらわす。それでいて組織の中で信頼を寄せられる人間でありたいと思うなら、苦言を呈してくれる人を持つこと、その意見を謙虚《けんきょ》に聞くことです。それでもなお、「自説を貫くべし」と感じられたなら、大いに自己主張すればよいのです。

1 努力・忍耐を「苦労」と言わない

二十歳にして世界の頂点を極めた女性バイオリニストが、ある日テレビの対談番組に出演していました。

聞き手の側の基本姿勢は、成人に達したばかりの年齢でトップにのぼりつめるには、きっとたいへんな苦労があったはずだとの認識です。どういう苦労があったのかと聞き出すことに終始《しゅうし》しました。

バイオリニストのほうは、好きなことを続けてきただけだから苦労というほどのことはないと、あっさり答えます。

でも、それだけでは超一流に達することはできないはずだとインタビュアーは食い下がっていました。ライバルのみなさんはたいへんな苦労をしているのだからと。

「人一倍の努力はしてきたつもりですが、どうしてそれを『苦労』と言わなくてはならないのでしょうか。音楽で苦労をしたと思ったことなどありません。自分で選んだ道ですから。ダイエットではちょっぴり苦労していますけど」

最後はうんざりしたような表情で言っていました。

「自分で選んだ道だから苦労などしたことはない」

すばらしい表現だと感心しました。

このバイオリニストの女性の言葉に従うなら、いつも「苦労が多い」とこぼしている人は、自分で選ばなかった、あるいは選びたくなかった不本意な道を歩いていることになります。

言葉遊びのつもりはありません。現実に、「忙しい」だとか「苦労が絶えない」だとかと自分で言っている人のほとんどは、嫌々ながら仕事に携《たずさ》わっている人たちです。

あなたのまわりにもいるのではないでしょうか。

このタイプの人には、次のようなマイナスの印象がつきまといます。

- **すぐに弱音を吐く心の弱さ**
- **自己中心的な視野の狭さ**
- **人の同情を求めようとする甘え**
- **他人のせいで苦労させられているという被害者意識**

私の体験を振り返ってみても、多忙と苦労を口にする人でほんとうに忙しい人、ほんとうに苦労している人はまずいませんでした。それに該当すると思われる人は、意外とサバサバしていたものです。

第一志望ではなかったとしても、とりあえず自分が選んだ道をいま歩いているのだという自負とプライドがあるなら、決して苦労などという言葉を口外しないこと。それは性格の弱さに起因する甘えの言葉にすぎず、口にすればするほど、情熱もパワーもさらに減退《げんたい》していきます。

情緒的《じょうちょてき》な言葉に踊《おど》らされていないか

新聞の投書欄《らん》に目をやると、「自分さがしの冒険」に疲れている人をよく見かけます。先日もこんな内容の記事が掲載されていました。

投書したのは二十七歳の女性です。短大を出て商社に就職したものの、「自分がほんとうにやりたいのは、こういう平凡な仕事ではなかったはずだ」と思って三年で退職。半年間あれこれ考えたすえに、デザイン関係の小さな会社に入ります。はじめからデザイナー志望だったわけではありませんが、「ふつうのＯＬ」ではない仕事をすれば自己発見できるのではないかと思ったからでした。

しかし、商社の頃とは比較にならないハードワークに、淡《あわ》い期待は木《こ》っ端《ぱ》みじんに打ち砕《くだ》かれます。すっかり体調をくずし、もう仕事はこりごりと観念。一度見合いをしてみると、今度は見合いというものにハマってしまい、次々と趣味のように見合いを重ねます。何度かこのへんで折り合ってもいいと思える相手が出現したものの、最終段階になるといつも、「自分がほんとうにめぐり合うべき運命の人は、この人ではない。もっといい人が必ずあらわれるはずだ」という気持ちに襲われ、逃げ出してしまう。

二十七歳を迎えたいまも、彼女はさまざまなアルバイトによって生計を立てながら、まだ「自分がほんとうにやりたいこと」を模索《もさく》している最中《さいちゅう》です。

ほんとうの自分、自分がほんとうにめぐり合うべき人、自分がほんとうにやるべきこと――そうした「ほんとうの何か」を求めて、いつまでも人生の放浪《ほうろう》を続ける人が少なくありません。ひと頃「青い鳥症候群」と名づけられた症状です。

自分の夢を実現させるために苦しい旅路を進むことは、決して悪いことではありません。しかし、自分で描いた夢をかなえようとすることと、どこかにありそうな夢(=青い鳥)をあてもなくさがすこととは、似《に》て非《ひ》なるものです。情緒的《じょうちょてき》な言葉やイメージによって目を曇《くも》らされてはいけません。

青い鳥の比喩《ひゆ》と同じです。そんなものはないと悟《さと》るのが大人の分別です。

逆にいえば、いまの自分、いま大切に思っている人、いま一生懸命打ち込んでいる仕事が「ほんとうの○○」だと解釈すればいいのです。目の前のものを愛する努力をしてみれば、みな、ほんとうのものになります。

「青春の彷徨《ほうこう》」や「人生の放浪」なども同じこと。情緒をくすぐる詩的表現ではありますが、あてがなければただのブラブラです。

そんな言葉より、先に紹介した坂上弘《さかがみひろし》氏の「才能とは何に取り組むかをいかに早く決めるかである」という言葉の含蓄《がんちく》をよく噛《か》みしめていただきたいと思います。

知っておきたい「ケンカの作法《さほう》」

「上司や先輩にケンカを売るべからず」は、組織の不文律《ふぶんりつ》の一つです。上司や先輩に限らず、しょっちゅうまわりの人に楯突《たてつ》くようなことをしながら、それでいて誰からもかわいがられる人など、まずいないでしょう。

では、広義の「ケンカ」の範疇《はんちゅう》に属する口論、激論、拒絶、抵抗などはみなご法度《はっと》かというと、そんなことはありません。現に私の友人には、「ケンカ屋」だの「すっぽん」だのの異名をつけられるほどウルサ型のくせに、一番出世を果たした男や、非常に人望の厚い女性がいます。どちらにも共通するのは、「ケンカの作法《さほう》」とでもいうべき技術に長《た》けていることです。

納得できないことがあったら、納得できるまで食い下がる。相手の意見が間違っていると思えば、目上の人でも激論を辞さない。そのかわり、納得できたら素直に引き下がる。あるいは、自分の非を認めたときは丁重《ていちょう》に詫《わ》びる。

そのへんの対処の仕方が二人ともたいへんにうまく、すがすがしい。一度は感情を害した相手も、後になると「なかなか気持ちのいいやつだな」という好印象を持つわけです。

人の意見には賛成できるところを見つけ、それに従うのが基本ですが、何にでも唯々諾々《いいだくだく》と従うだけでは自分の意見のない人物と思われ、かえって軽《かろ》んじられることもあります。ときに激しいやりとりができるくらいの自己主張の能力と、それを欠点としないだけの作法を磨くこと。ケンカっぱやい人は若いうちから自覚的な努力をしておかないと、人間関係に支障をきたす致命的な欠点ともなりかねません。

身に覚えのある人は、次のような配慮《はいりょ》を心がけてください。

✦ケンカは「人物」にではなく、その人の「意見」や「行動」を対象とすること
✦感情的になっても、相手の人格を傷つける物言いは慎《つつし》むこと
✦思わずそれを口にしてしまったときは、その点を後で謝罪すること
✦相手の言うことに納得できたときは、素直にそれを表現して頭を下げること
✦気まずいかたちで決着しても、それを根に持つ言動はしないこと

感情にまかせて「たんか」を切るとケガをする

ケンカと同様に、「たんか」の切り方にも作法があります。後で取り返しのつかない、下手なたんかを切ってしまったために、人生の致命傷を負ってしまった人は私のまわりにも何人かいます。

たんかには、①それが当人の心意気を示す気持ちのよいもの、②将来への歩みをみずから縛《しば》ってしまうもの、そして③深く相手を傷つけるもの、の三種類があります。それぞれの例をあげると、

①「私はこの問題を解決するためなら、生涯を捧げても悔《く》いはありません」

②「こんなつまらない仕事はもう絶対にしない。賭《か》けてもいい。男の言葉に二言《にごん》はない」

③「あなたのようなダメ上司とは働く気になれない。いつでも喜んで辞めてやる」

このうち①は、たんかというより前向きな所信表明です。「私は○○に邁進《まいしん》したいと思っています」という素直な心の表現ですから、将来に対する束縛《そくばく》や他人への憎悪《ぞうお》は含みません。慎まなければならないのは②と③です。

両方のケースに共通するのは、「〜なんか、いつでも辞めてやる」という感情的な言いっぱなしであり、「尻《しり》をまくる」態度です。

痛いところを突かれる、批判される、軽んじられる、言い負かされるなどして感情が昂《たかぶ》ったとき、人は誰でもこうしたたんかを切って清々《せいせい》したくなるものです。自分のプライドを見せてやりたい、なんとか相手に一矢報《いっしむく》いてやりたいという思いが、冷静な配慮を失わせ、やがて自分を窮地《きゅうち》に追い込むかもしれないほど危険な言葉を吐かせてしまうわけです。

この種のたんかは、文字通り天に向かって唾《つば》するようなもので、どんなに勢いよく吐いたところで必ず自分の頭上に落ちてきます。ひとときの興奮が冷めるにしたがって気まずい思いが込み上げ、大きな後悔がのしかかってくるのです。

腹が立ったときは、誰でも口がすべりやすくなります。日頃から、次の二つのことだけ心にとめておいてください。けんかの作法とも共通することです。

一つは、どんなに頭にきても、「その場・その話題」についてだけ論じ合うこと。

「この仕事は今後絶対にしない」「いつでも会社を辞めてやる」のように、自分の将来を縛る言葉は禁句です。

もう一つは、相手の人格を否定しないこと。

ある作家がエッセイの中でこう指摘しています。

「たんかの一番むつかしいところは、それを威勢《いせい》よく発することではなく、不渡《ふわた》りにならないよう、ちゃんと実行することにこそある。もちろんたんかの美学もそこにある。みんなたんかが切りたい。しかし、思慮があればこそ簡単には切れない。方針が変わるのは仕方ないときもあるけれど、たんかの作法は心得ておかなければならない」

他人に左右されない人生の目標を持つ

現在の生活に空《むな》しさを感じる、どうも自分らしさが発揮できていないような気がする。そんな思いに悩まされているのは、二十代の人ばかりではありません。

「どこかで道を間違えてしまったんだよな……」

「あのとき思い切って決断しておけばよかった……」

中高年といわれる年代に至っても、深い溜《た》め息をつきながら生きている人たちは大勢います。易《やす》きにつくだけの人生を送っていると、いつかはそうした嘆《なげ》きに襲われる日が来ると覚悟しておいたほうがいいでしょう。

そうならないための方策として、自分の人生における目標をあらかじめ「絶対目標」と「相対目標」とに分けて考えておくことです。

これだけはどうしても実現したい、実現できなければ生きている意味がないとさえ思える絶対的な目標と、他との比較のうえでの相対的な目標とを区別する。それによって生き方がだいぶ楽になってきます。

「裕福になることが最大の目標だ」という知人がいました。どんな仕事に就《つ》くか、何をポリシーにするかは二の次です。非常に貧《まず》しい幼少期を送ってきた反動で、ひたすら他人より豊かな生活をすることだけが人生の目標となったのでした。

その是非《ぜひ》を判定するのは本書のねらいではないので省《はぶ》きますが、それも生きやすい目標であることは確かです。

一般的に、「裕福になること」は相対目標になります。出世や昇進と同じように、裕福も「人より早く（多く）」という限定によって意味を持つ相対的な価値基準です。

他との比較による目標ですから、かなうかどうかは他者の状況に左右されます。自分が小金を貯めても、もっと多くの大金を貯めた人が周囲に何人もいれば、心は満たされません。出世や昇進も同様です。不平不満の多い人たちは、概《がい》してこのような相対目標だけに動かされているタイプといえるでしょう。

確固《かっこ》とした絶対目標を持ち、他人との比較ではなく、いわば「自分との約束」によって生きる人は、周囲に不満を漏《も》らさないものです。文句は自分に言えばよいのであって、まわりは関係ありません。ある人の絶対目標は「作品を創ること」であったり、またある人のそれは「福祉に生きること」であったりします。

あなたの絶対目標は何でしょうか？　自分自身に問いかけてみてください。

第4章
《変わる力》
理想の自分に変身するための習慣力

「愉快《ゆかい》・爽快《そうかい》・軽快《けいかい》」を目指そう

人のタイプを二つに分ける観点として「快《こころよ》い人、不快な人」というのがあります。人間の好みはさまざまですから、評価の仕方は一律にはいきませんが、快さを感じさせる相手は誰かと問うと、答えは似かよってくるものです。

私が勤めている会社に、面白い若者がいました。オフィスで顔を合わせると、ほとんど誰かれかまわず「ごぶさたしております」と頭を下げ、元気にあいさつするのです。しかも「！」が二つつくような大きな声で。

こちらはびっくりしながらも、つられて「ああ、どうも」などと言葉を返し、しかし面識があったかな……と首をかしげます。声の大きさに比例して歩くのも速く、振り返った頃にはもう姿がありません。

仲間うちでこの話をすると、

「知らなかったの？　有名な『ごぶさた君』だよ、あれは」

「一度でも会ったことのある相手には必ず例のあいさつをするのさ」

「いまどき珍《めずら》しくかわいげがあるやつだ。なんともユニークじゃないか」

みな苦笑まじりに言うのです。

それからもすれ違うたびに同じ言葉をかけられ、やがて少しずつ言葉を交《か》わすようになりました。ウケを狙《ねら》った演技ではなく、本人にしてみれば自然な気持ちからのあいさつだったようです。

社内の人間は苦笑いをしましたが、彼を悪く言う者はいませんでした。ちょっとヘンだけど愉快《ゆかい》な若者だという、どちらかといえば好印象で迎えられたのです。

会社でのあいさつとして「ごぶさたしております」を推薦《すいせん》するつもりはありません。ただこの若者が独特のあいさつによって、やがて社内でたいへんな人脈を形成していったことを考えると、相手に「快《かい》」を与える要素も大きな人間的魅力の一つだと納得できます。

「気持ちのいい人」という表現は感覚的な曖昧《あいまい》さを伴《ともな》っていますが、指針として三つの「快」のいずれかを含むと考えておけば理解しやすいでしょう。「愉快、爽快《そうかい》、軽快《けいかい》」です。

あいさつであれ、立《た》ち居《い》振《ふ》る舞《ま》いであれ、楽しい人（愉快）、さわやかな人（爽快）

は好感を持たれます。そして、行動する際の腰の軽さ（軽快）があれば、まず組織の中で一目置《いちもく》かれる人物といえるでしょう。

前の章でふれた批評家型の人は、この点でまわりの反感を買いやすいタイプです。何事に対しても批判ばかりする不愉快さ、口ばかり達者で行動力のない腰の重さ——。自分は批評家タイプの切れ者だと自認する人は、「社内評論家」とレッテルを貼《は》られないよう自戒《じかい》しておく必要があります。

何にでもチャレンジしてみよう

「若いうちの苦労は買ってでもしろ」という教えがあります。この教えの正しさは、ある程度の年齢になれば誰でも納得できますが、そのときにはすでに手遅れです。二十代のうちに心がけておかなければ、まず体得できません。

昔から体育会系のマネジャーは就職の際に有利とされてきました。それは誰もがやりたがらない縁の下の力持ち役を、みずから買って出る性格が高く評価されてのことです。例外はあるものの、この説の妥当《だとう》性は多くの実例によって証明されているといってよいでしょう。

学生時代の能力に多少の差があったところで、そんなものは会社ではほとんど関係ありません。なまじ成績がよかったばかりに頭でっかちの評論家タイプとなり、やがてお荷物呼ばわりされる人はどこの会社にもいます。

それより、何事にもチャレンジしようとする気概《きがい》のある人間、人の嫌がることを率先して引き受ける腰の軽い人間のほうが、組織においてははるかに有能な人材なのです。

たとえば、社内旅行や勉強会の幹事、結婚式のスピーチ役、社内報の原稿執筆《しっぴつ》など、何でもまず引き受けてみる。それも、やるからには気持ちよく引き受けることです。もとから「軽快タイプ」であればそれにこしたことはありませんが、そうでなくても、気力体力の旺盛《おうせい》な年代は何にでもチャレンジしてみる習慣をつくることが大切です。一つひとつの体験が自分を育てる糧《かて》になると信じて。

知人に軽快タイプを絵に描《か》いたような男がいます。この男に出版記念会の司会を依頼したときのこと、彼はこう言って快く承諾《しょうだく》したものです。

「人前で話す練習になりますから、喜んでお引き受けします。ただし私は話しべたですから、うまくいかなかったときは勘弁《かんべん》してください」

一般に司会だの幹事だのを依頼されると、十人中八人から九人は渋《しぶ》った様子をみせます。最終的に引き受けるにしても、さんざんもったいぶったり条件をつけたりする人もいます。どうせなら、よい意味でノリのいい人間を目指すことです。

逆の観点からいうと、それができる人は信頼するに足る人です。交換条件をつけたり欲得《よくとく》ずくであったりしない限り、「何でも見てやろう」「何でも体験してみよう」という積極思考の人間は、その姿勢自体が器量の大きさを証明しているのです。

あなたの周囲を見わたしてみてください。嫌な役は常に他人に振ろうとする腰が引けた人の中に、将来を嘱望《しょくぼう》されている人物などいないはずです。

成長の鍵《かぎ》は「失敗ノート」

率先して物事に取り組もうとする人は、そのぶん、何もしない人より失敗も多くなります。当然のことです。事なかれ主義者の言い分もここにあって、要するに失敗するのが怖《こわ》いのです。

しかし、人生からより多くのことを学ぼうとするなら、失敗を恐《おそ》れてはなりません。「失敗は成功の母」のことわざ通り、失敗してみないことには成功への道筋がわからない、そういうことが人生にはたくさんあります。多くの収穫《しゅうかく》を得ようとするなら、多くの種を蒔《ま》かなければなりません。

この場合の種とは「トライアル・アンド・エラー」のこと、つまり試行錯誤《しこうさくご》の体験の積み重ねを意味します。一つ失敗したら、それだけ成功への距離が縮まったと考えればいいのです。

ただし、失敗したら必ずそこから謙虚《けんきょ》に、かつ貪欲《どんよく》に学ぶこと。それが失敗することの重要な教訓なのですから、同じ失敗を何度も繰り返すようでは意味がありません。

そのために、読者のみなさんには「失敗ノート」をつけることをお勧めします。日誌のかたちでもいいのですが、それより失敗の記録だけをシートにして保存する「失敗ノート」のほうが、のちに自分がどれだけ成長したのか確認できる貴重な資料になるでしょう。シートのつくり方は簡単です。次ページの【シート9】のように「失敗

【シート9】✦ 失敗ノート

日付	失敗したこと	原因分析	防止策

の事柄」と「原因分析」、今後の教訓としての「防止策」を記入することができればいいのです。

私の「失敗ノート」の第一ページは、勤め始めてわずか一週間後の無断欠勤でした。原因は、深夜すっかり酩酊《めいてい》した後でスナックの女性から、「明日は休みなんだから、もっと飲みましょう」と言われ、なんとなく真《ま》に受けてしまったこと。教訓は「酒の席の話は真に受けないこと」「曜日はかならず自分で確認すること」となりました。

失敗に言い訳はいらない

私の「失敗ノート」の二ページ目は、言葉づかいの間違いにより原稿の執筆者に叱《しか》られたことです。当時、広報誌の編集を担当していたのですが、初歩的なミスをしてしまったのです。

執筆者は著名なコンサルタントでした。その人が書いた原稿の中に「モラールを高める」という表現が何度も出てくるのですが、私はてっきりそれを「モラル」の間違いと思い込み、書き替えてしまったのです。

モラール（morale）とは人の士気《しき》、やる気の意味で、ビジネスの世界では日常的に使われますが、入社一年目の私にとっては初めて目にする言葉でした。てっきり道徳を意味するモラル（moral）だろうと考え、手を入れてしまったのです。

なんとも程度の低い失敗で、そのノートを読むと、いまでも顔から火が出そうになります。どんな言葉でも必ず辞書を引くのは、編集を担当する際の基本です。のちに後輩を指導する立場になってから、こうした体験はたいへん役に立ちました。

自分が一定のレベルに達してしまうと、初心者が犯《おか》す間違いについて理解できなくなったり、指導できなくなるといった例がよく見受けられます。それは自分がまっさらな新人だった頃の体験や感性を忘れてしまうからです。どんなに低いレベルの失敗でも、きちんと記録しておけばいずれ役に立つ日が来る。そう信じておいて間違いありません。

私の「失敗ノート」から引用した二つのケースは、弁解や言い訳の余地などない単純なミスですが、もっと複雑な要因による失敗に関しても、肝《きも》に銘《めい》じておくべき心がまえがあります。それは、言い訳は極力口にしないということです。

文芸評論家・小林秀雄の代表作『無私《むし》の精神』（文藝春秋）に興味深いエピソードがあります。小林秀雄にしては珍しく実業家に言及しているのですが、その実業家は非常に説得力があったにもかかわらず無口で、口癖《くちぐせ》は「お説《せつ》ごもっとも」と「ご覧《らん》の通り」だったそうです。

人の意見に対しては、あれこれ論評せずに「お説ごもっとも」、自分について問われると、弁解めいたことは言わず「ご覧の通り」、それだけで不思議な魅力と説得力があったというのですから、よほどの人物だったのでしょう。潔さとはどういうことか、示唆《しさ》に富《と》んだエピソードだと思います。

同じようなことを、先に引用したナポレオン・ヒルはこう表現しました。

「成功に説明はいらない。同じように、失敗に言い訳はいらない」

究極の短い表現ながら、含蓄《がんちく》に富んだ言葉ではないでしょうか。

尊敬できる人に出会ったら〝弟子《でし》入《い》り〟してみよう

職場の「上司・部下」の間柄には、ひと昔前までは、ややウェットな関係がありました。いわゆる日本的な風習の一つです。正月には上司の自宅まであいさつに出向き、盆暮《ぼんく》れの届けものは欠かさず、月に何度かは赤ちょうちんでイッパイ。職場だけではなく私生活の中にまで「上司・部下」の関係が深く入り込んでいました。

そんな風潮《ふうちょう》も大きく変わり、何につけても「ドライ」が主流の昨今です。人間関係もだいぶあっさりしたものになってきました。それでいいと私は思っています。

ただし、人間関係にウェットなしがらみはいらないけれど、仕事をめぐる関係でもっと密なものがほしい。仕事をさばく技術や物事に取り組む流儀《りゅうぎ》について、「上司・部下」というよりは「師匠《ししょう》・弟子《でし》」の厳しさがあっていいのではないかと考えます。

直属の上司が「師匠」と呼ぶに足る力量に欠けているというのであれば、別の部署の先輩でもかまいません。この人のこの部分はすごい、ぜひお手本にしたいと思える人物を鵜《う》の目鷹《たか》の目になって見つけるのです。

すべてに卓越《たくえつ》した人をさがす必要はありません。人との応対ぶりのすばらしさならAさん、時間管理のプロならBさん、斬新《ざんしん》な企画発想力ならCさんというように、それぞれの分野で見習うべき先達を決めればいいのです。

何事につけても、まずはお手本を定めるのが習い事の基本です。二十代の前半であれば、仕事に習熟するのも習い事の範疇《はんちゅう》に属すること。逆説的な言い方ですが、自分のスタイルなり流儀を確立するためには、それが一番の早道と考えてください。

習い事には多額の月謝が要《い》るものの、会社の仕事に関しては無料です。というより、お金をもらいながら上達のためのレッスンを受けることができるのですから、これを活用しない手はありません。

師事《しじ》するためには自分の目と足で師匠をさがし、自分のほうから教えを請《こ》わなくてはなりません。言わずもがなのことですが、現実にはこれができない人が非常に多いのです。「素直に聞く」ということが苦手なのでしょう。より短い時間で技術を磨きたい、少しでも早く自分の流儀を確立したいと願うなら、人に頭を下げて教えを請うことのできる素直さと勇気を養《やしな》うことです。

自分からものを尋《たず》ねるとバカにされやしないかと躊躇《ちゅうちょ》する人がいますが、取り越し苦労にすぎません。立場を変えて、あなたが後輩から教えを請われる場面を想像してみてください。悪い気はしないはずです。

不快感を覚えるとしたら、礼儀知らずの物言いや、自分で調べたり考えたりしない怠惰《たいだ》な姿勢に関してでしょう。それがクリアできていれば、質問はむしろ相手に好感を持たれる契機《けいき》となるはずです。

❗ 師匠《ししょう》のやり方をまねてみる

私が会社に入ってすぐに師事したのは、同じ事業部の別の課に所属していた先輩です。人事教育の研修を企画するプロジェクト・マネジャーをしていました。実務の基本は直属の上司に教わりましたが、この先輩からは情報収集の具体的ノウハウを学びました。

経営に関する先端情報はすべて頭に入っている人で、私が新聞や雑誌などで仕入れ

たネタを口にすると、

「それは誰もが知っている出がらしの情報だよ。もっと踏み込んだ情報を手に入れなくてはいけない」

と言って、引き出しから専用のファイルを見せてくれたものです。

そこには私の知らない専門雑誌や研究機関が発行している資料、英文記事の切り抜きなどが詰《つ》まっていました。まだインターネットがいまほど発達していない時代のことです。

どのような情報をどんな基準で集めればいいのか聞いてみましたが、こちらはモラルとモラールの区別もつかない新人です。先輩の言うことがよくわかりません。

なんとかこの人にもっと深く接して教えを請いたい。しかし、ただ質問するだけでは煙《けむ》たがられてしまいます。そこで先輩のファイルにあった英語の専門雑誌を買ってきて、おぼろげながら内容がつかめそうな記事を自分で翻訳し、その先輩に見てもらいました。自分で何もせずに、ただ教えを求めるだけでは「弟子」になどなれないからです。

訳文をもっていくと、先輩は少し意外そうな顔をして、でも親身《しんみ》に添削《てんさく》してくれたものです。訳文というと聞こえはいいものの、私の語学力はかなり悲惨《ひさん》なレベルです。それでも努力に免《めん》じて、先輩はいろいろアドバイスしてくれました。

それ以来、この人が持っている情報源は何でも取り寄せて目を通すことにしました。そのうえで質問すると、いつも気持ちよく答えてくれたものです。そのうち次の段階の情報収集のコツまで伝授していただきました。

どんな分野であれ、師匠《ししょう》と呼べそうな人を見つけたら、まずその人をよく観察し、模倣《もほう》することから始めるのがセオリーです。

芸事の修練《しゅうれん》は「稽古《けいこ》」といいますが、この言葉の意味は「古《いにしえ》に稽《まな》ぶ」、古くからの流儀を学ぶこと。師匠に師事するのも同じ要領です。実際に自分で実践してみて、うまくいかないところについて教えを請います。そうしたやりとりを繰り返すうちに、少しずつ師匠のレベルに近づいていくのです。

話し上手より、まず聞き上手を目指す

人間関係における最も重要な技術は何かと問われたら、私はためらうことなく「よく聞くこと」と答えます。つまり聞き上手になることです。

人と人との関係のキーファクターとなるのは、ディベートなどの例外を除けば、相手を気持ちよくさせるということです。単純な表現ですが、これが原点と心得てください。

お世辞《せじ》を言って人の歓心《かんしん》を買うのではありません。常に誠意をもって相対する、相手の言うことをよく聞くということです。

話し上手であることは、話し下手よりは好ましいでしょうが、聞き上手を幹にたとえれば枝葉みたいなもの。人の言うことを大事に聞くというのは、それほどに重要なことです。

これまで大勢の方々とお会いする機会がありましたが、話し上手はいくらでもいるものの、聞き上手は意外なほど少なかったというのが、私の率直な感想です。かつては聞き上手だった人たちでも、年齢を重ねるにつれて聞き下手になっていく傾向があります。

それというのも、聞き上手であるためには次の要件を満たす必要があるからです。

① 人の意見に素朴《そぼく》な関心を寄せることができる

② 人の意見に学ぼうとする謙虚な気持ちがある

③ つまらない話でも最後まで聞く忍耐強さがある

広い意味での向学心がない人は①と②の要件が欠けるので、若いうちからすでに聞き上手失格です。仮に聞き上手な人でも、年を取ることによってセッカチになる傾向があり、向学心の衰《おとろ》えとも相まって聞き下手の仲間入りをする例が少なくありません。

「すべての会話はモノローグである」という辛辣《しんらつ》な警句があります。たしかに人と人とのやりとりは、かなりの部分がモノローグ（独白《どくはく》）の交換に費《つい》やされるものです。このシニカルな真実をよく認識したうえで相手の言葉に忍耐強くつきあい、対話としての成果を引き出そうと配慮《はいりょ》すること。これが聞き上手の条件です。

人の話や言い分をきちんと聞くのも仕事のうちというのは、教師やカウンセラーなどの職種だけに限りません。やがてあなたもその立場につくかもしれない管理職の仕事も、その半分は「よく聞くこと」によって占められます。

現在この能力が欠けているとしても、心配はいりません。話し上手になるには、ある程度のテクニックや鍛練が必要ですが、聞き上手は明日からでも実践することができるのですから。最後まで、しっかり相槌《あいづち》を打ちながら傾聴《けいちょう》すること。その気にさえなれば誰でも実践できるはずです。

月に一度は時間の使い方を見直そう

コンサルタントが会社の業務改善に取り組むときには、現在どのような仕事の進め方をしているか綿密《めんみつ》に調査します。個々の社員の時間の使い方に関しても、十五分あるいは十分きざみで記入させ、詳細な現状把握《はあく》に努めます。すると、使途不明金ならぬ「使途不明時間」がけっこう多いことに気がつくものです。

何か自己啓発のために時間をとっているかと聞くと、「忙しくて、とてもそんな時間はありません」という答えが返ってくることがよくありますが、実際には「時間が

【シート10】 ◆ 24時間記録シート

年　月　日

6:00 a.m
7
8
9
10
11
12
1:00 p.m
2
3
4
5
6:00 p.m

年　月　日

6:00 p.m
7
8
9
10
11
12
1:00 a.m
2
3
4
5
6:00 a.m

他のことに活用できる時間帯は？	何に活用するか？	いつから実行するか？

ない」のではなく「やる気がない」場合がほとんどです。人間、自分がどうしてもやりたいことのためには、どんなに多忙でも時間をひねり出す工夫ができます。

月に一度程度でけっこうですから、自分の一日二十四時間の使い方をきちんとチェックしてみてください。まずは三十分単位で行動を記録します。「仕事」「業務」といった大ざっぱな書き方ではなく、「企画書の資料整理」「セミナー案内二百通送付」のように具体的に記入します。プライベートな時間についても同じ要領でやってみましょう。

目的は、時間意識を高め、より有意義《ゆうぃぎ》な時間の使い方を試みることです。単なる時間つぶしになっている無駄《むだ》な時間はないでしょうか。どうすればその時間を有効に活用できるでしょうか。

! 自分だけの気分転換の場所を持つ

かつて私の先輩に、朝はかならず職場近くの喫茶店《きっさてん》で三十分を過ごしてから出勤す

る人がいました。理由を尋ねると、

「好きな音楽が流れている喫茶店でゆっくりコーヒーを味わうのはいいもんだよ。まずは一服して、それから一日のスケジュールを立てる。いつのまにか日課になってしまった。あそこで考えると、不思議にアイデアも湧いてくるんだよ。あの喫茶店はぼくのリフレッシュ・プレイス、午前八時はスペシャル・タイムってところかな」

うまいことを言うと感心したものです。

実務に携《たずさ》わるオフィス以外の場所に、自分をリフレッシュできる空間を持つ。その効果は頭で想像するよりはるかに大きいといえます。

私もこの先輩に倣《なら》って、リフレッシュ・プレイスとスペシャル・タイムを設けてみました。場所は乗り換え駅の喫茶店、時刻は午後七時から八時のあいだ。つまり就業後の帰り道に寄って、手帳のチェックとアイデアメモの記入をすることにしたのです。

音楽に身をひたしながらリラックスしていると、オフィスの企画会議では浮かばなかった企画や、思いもよらない発想がひらめくようになりました。同じ場所、同じ時間帯でのリラクゼーションが習慣化すると、妙案《みょうあん》のほとんどはそこで生まれるようになったのです。どんなに疲れている日でも、あの喫茶店へ行けば心身がのびやかになり、頭の中も活性化されるのだという一種の自己暗示がはたらいたのでしょう。

喫茶店でなくてもかまいません。心が休まる環境の中で、一人しずかに豊潤《ほうじゅん》な時間を過ごすことができれば、どこでもいいのです。そうしたリフレッシュ・プレイスとスペシャル・タイムを持つことがどれほど心身の健康に役立つかは、実際に体験してみないことにはわかりません。

大勢でにぎやかに遊ぶことや、お酒を飲んでパーッとやるのが一番のリフレッシュという人たちも少なくないようです。私自身どちらも好きですから全面的に否定はしませんが、ここで大切なのは、自分以外の人やアルコールに依存せずとも自己充足できる術《すべ》を身につけることです。自分ひとりで、明晰《めいせき》な意識とともに豊かな充足感を味わえることは、ストレスと欲求不満ばかりが増大する時代にあっては一つの才能といえるかもしれません。

自律的な生活を長く送っていくためにも、上手に気分転換のはかれる場所と時間を決めておくことです。

スペシャル・タイムの使い方を決めよう

私のスペシャル・タイムは夕刻の七時から八時でした。同じ時間帯をやはりスペシャル・タイムにしていた友人がいます。彼は会社近くの図書館で資格取得のための勉強をするのが平日の日課でした。五時半の終業時刻がきたら社員食堂へ行って軽食をとり、残業がない日は六時に、遅くまで開いている図書館の自習室に入ってテキストに向かうのです。夕刻の時間を自分のために使えるよう、残業になりそうな仕事はあらかじめ早朝に片づけておきます。

「大学浪人の頃の習慣で、図書館に行くと勉強したくなるんだ。家では駄目だな。それに、終業後は勉強と周囲に広言しておけば、酒の誘いも少なくなる。ぼくは意志が弱いから、飲み出すときりがなくて……」と、笑っていました。

別の友人は、週に一度だけスペシャル・タイムを設けています。毎日規則的に何かをするというほどの気持ちはないものの、かといってゴロ寝とテレビ、ネットサーフィンの週末ではちょっと悲しい。そこで、日曜日の午前九時から十二時までを机に向かうと決めて、日記ならぬ週報の執筆と趣味の俳句《はいく》づくりにあてているのです。日曜の午前中としたのは、そう決めておけば昼まで寝坊することもなく、午後は心おきなく遊んだり出かけたりできるから。

生活にメリハリをつける意味でも、また精神衛生の観点からも、スペシャル・タイムを設けて何かに打ち込むことは重要なファクターといえます。

達成目標の大小によって設定時間の長さや頻度《ひんど》は異《こと》なりますが、よほどの「ファイター」でない限り、あまり無理な設定はしないのが長続きのコツです。取り組み対象はもちろん個人の自由です。

✦心身のリラクゼーション
✦手帳や日記、アイデア・ノートの整理
✦芸事や趣味、創作活動
✦資格取得などの受験勉強
✦サイド・ビジネス
✦ボランティア活動

何であれ、早めに活動の内容と時間帯をきちんと定めておくことが、人生によい習慣をもたらす条件といえます。

自分を高めるために、チェックシートをつけてみよう

日記をきちんとつける習慣のある人は、それが「失敗ノート」のかわりにもなるでしょうし、ここで述べる「自己チェックノート」を兼ねることもできるでしょう。しかし、日記を欠かさず書いているという人は、実際には十人に一人いるかどうかといったところです。

過去を振り返るためではなく、未来に向けての成長の記録として、できれば日記を、それが無理なら簡単なチェックノートを記《しる》す習慣をつけてください。日記を毎日つけるのはめんどうですが、チェックリストなら続けることができそうです。

かつて私が参考にしたのは『フランクリン自伝』（岩波文庫）で見つけた方式です。社会人の仲間入りをした年にフランクリンをお手本にしてノートをつくってみました。

著者のベンジャミン・フランクリンは、アメリカ資本主義の育ての親と言われ、科学者や独立宣言の起草者《きそうしゃ》の一人としても名を残している人物です。自伝には、十三カ条の徳目《とくもく》という、自分の短所を改め、人間的完成に一歩でも近づこうとして考案された項目と短い戒律《かいりつ》が、一週間のチェック表とともに掲載されています。十三の徳目とは、**「節制《せっせい》、沈黙《ちんもく》、規律、決断、節約、勤勉、誠実、正義、中庸《ちゅうよう》、清潔、平静、純潔、謙譲《けんじょう》」**のことで、これについては第6章で詳しく述べます。

みなさんには、同じ項目をそのまま踏襲《とうしゅう》するというよりも、自分の流儀によって必要だと思われる項目を選び出し、それを定期的にチェックする習慣を身につけていただきたいのです。重要なことは、自分自身を振り返るための具体的なツールを持つことです。月単位あるいは年単位で自分の軌跡《きせき》を確認できれば、生きている実感も湧きますし、今後の努力目標もおのずと明らかになるでしょう。

フランクリンは手帳に十三の項目と曜日を記入した表をつくり、毎晩自分を振り返る時間をとりました。私もB6サイズのノートを買って、まずはフランクリンを師匠としてその模倣を始めました。彼と同じ十三の標語を書き込み、毎日すべての欄《らん》に「○」「×」を記入してみたのです。師匠フランクリンのチェックは一週に一つずつでしたから、その点、私のほうが上をいっているのだと、ヘンな自画自賛《じがじさん》をしたこともあります。

十三項目は多すぎるので八項目にし、そのかわり毎日全項目をチェックすることにしました。気まぐれな性格のためか、「節制」「勤勉」「誠実」の欄はよく×印が記入されたものです。すると自己嫌悪《けんお》にかられ、今度は反動で評価が甘くなったりします。やたらと「○」が目立ったり、そのうちまた「×」が復活したりのパターンが繰り返されました。

そのうち項目は少しずつ仕事がらみのものに変わっていき、なかには成果を数字で書き込む項目も登場しました。長い年月のうちに項目名そのものも様変わりしましたが、何度かの中断をはさみながら、それでもなんとか今日まで続いているのは自分でも不思議です。項目の見出しや記入方式は当初と大きく変わってしまいましたが、私にとっては宝のようなものです。

こういうことは若いうちから始めて、習慣にすることが大切だと思います。どんなやり方でもかまいません。重要なのは、明日を生きるためのポリシーを持つことです。人生のできるだけ早いうちに自分なりのチェックノートを工夫してみること。明日と言わず、今日から書き始めてみることをお勧めします。

! 勉強会やサークル運営に挑戦してみる

若いうちから社外にも人脈をつくれといわれます。同じ会社の中の、そのまた同じ部署の人間とばかり群れているようでは、どうしても視野が狭くなりがちです。

二十代の頃はとくに、広く人間関係の基盤を形成するのに適した時期だといえるでしょう。その気になれば、異なった業界に就職した学生時代の友人とも気楽に会うことができるし、何よりも仕事の損得抜きで人と接触することができるからです。三十代を過ぎると、なかなかそう簡単にはいかなくなります。

仕事を離れたところで社外に広く人の輪を求めるには、勉強会なり、趣味やスポーツのサークルなりに入るのが一番です。社会人としての長い人生を考えれば、仕事で行き詰まったときのストレス解消のためにも、会社とは異次元の世界を持っておくことです。

そう勧めると、「でも自分にぴったりする勉強会やサークルが見つからなくて……」と嘆《なげ》く人がよくいます。やる気はあるのに環境が整わないというわけです。しかし、研究会に限らず、これは腰の重い人が行動を起こそうとしないときの言い訳にすぎません。

環境が整わなければ、どうするか。答えはいたって簡単です。自分で環境をつくればいいのです。

ある分野の読書を定期的に続けたいと思えば、率先して仲間を募《つの》り、読書会を始めてみる。一人で運動を継続するのがむずかしいと思えば、場所とインストラクターを自分でさがしてくる。その気になってさがせば、すぐに見つかります。

「何にでもチャレンジしてみよう」の項でも述べた通り、とにかく腰を軽くして、自分から動く癖をつけること。その経験を積むことのほうが、何をやるかの中身より重要なのだといっても過言ではありません。

二十代の頃、私は自己啓発の勉強会を一つとスポーツサークルのマネジャー、職場の小集団活動のまとめ役などをやっていました。まとめ役の立場は常に、労多くして報《むく》いが少ないものです。しかしそこから学ぶことは非常に大きい。これは実際にやった人にしかわからないかもしれません。

会の運営をどうするか、人が集まらなかったらどうするかといった取り越し苦労はナンセンスです。おいしいものを食べる前から、腹具合が悪くなったときのことを考えて憂鬱《ゆううつ》になる人がいるでしょうか。

酒の席での失態《しったい》は〝致命傷《ちめいしょう》〟になる!?

この章の最後に、お酒のことについて書いておきます。

こんな一般常識ともいうべき事柄を取り上げるのには訳があります。非常に有能でありながら、酒の席の大失態《だいしったい》によって致命的《ちめいてき》な事態を招いた例を、私は何度となく見てきました。

酒のうえのことは大目に見てあげるのもまたエチケットとはいいながら、人は決してそれほど寛容ではありません。自分自身のことはさておき、他人の酒癖の悪さは人柄そのものの問題であるというふうに解釈している人が、実は大半を占めるのです。

ひと昔前と比べると、大酒飲みの若者はだいぶ減ってきたように感じられますが、それだけに「酒品《しゅひん》」の悪い者はいっそう目立ち、喫煙者《きつえんしゃ》と同じように周囲から煙たがられる存在となります。

お酒に関する教訓として、太宰治の『新ハムレット』（文藝春秋）という作品の中に、デンマークの首相がハムレットに酒の作法《さほう》を教える部分があります。たいへん参考になるので、少し長くなりますが引用しておきます。

「飲酒の作法は、むずかしい。泥酔《でいすい》して、へどを吐くは禁物《きんもつ》。すべての人に侮《あなど》られる。大声でわめいて誰かれの差別なく喧嘩《けんか》口論を吹っ掛けるのも、人に敬遠《けいえん》されるばかりで、何一ついい事が無い。なるべくなら末席に坐《すわ》り、周囲の議論を、熱心に拝聴《はいちょう》し、いちいち深く首肯《しゅこう》している姿こそ最も望ましいのだが、つい酒を過した時には、それもむずかしくなる。

宴《うたげ》が甚《はなは》だ乱れかけて来たならば、躊躇《ちゅうちょ》せず、そっと立って宿へ帰るという癖をつけなさい。何かいい事があるかと、いつまでも宴席に愚図愚図《ぐずぐず》とどまっているような決断の乏《とぼ》しい男では、立身出世の望みが全くないね。帰る時には、充分の会費を手渡す事を忘れるな。三両の会費であったら、五両。五両の会費であったら十両、置いてさ

っと引き上げるのが、いい男です。人を傷つけず、またお前も傷つかず、そうしてお前の評判は自然と高くなるだろう。ああ、それから飲酒に於《お》いて最も注意を要する事が、もう一つあります。それは、酒の席に於いては、いかなる約束もせぬ事。これは、よくよく気をつけぬと、とんだ事になる」

酔い加減の自己バロメーターを持とう

酒の席のマナーを知っているからといって、酒癖がよいとは限らないのが人間の弱さというか、面白いところです。太宰治にしても、本人の酒品はあまりほめられたものではなく、しょっちゅう度を過ごしてまわりに迷惑《めいわく》をかけていたといいます。

社会人にとって酒のマナーはおろそかにできません。ふだんどんなに仕事ができても、酒の席で大きな失態を犯すようではレッドカード、一発退場を余儀《よぎ》なくされることもあります。では、どうすればよいか。

自分の限度を知り、その前に退散する目安を決めておくのが一つの方法です。

そう紹介すると、

「その頃にはすでに酔っぱらっていて、さっと退散するのは至難《しなん》の技《わざ》ではないでしょうか」

酒好きの人からはこんな返事がかえってきます。たしかにそこが酒飲みのつらさです。

そういう人は、目安を周囲に公言しておきます。自分がこんな状態になったら、ほどなく人に迷惑を及ぼす危険性があるので遠慮なく指摘してくれと言っておくのです。軽い調子で言えばジョークめいて聞こえ、しょっちゅう迷惑をかけている大トラでない限り、むしろ好感を持って迎えられるでしょう。

私のバロメーターは、若い頃は唾《つば》を吐きたくなることでした。ふだんは決して唾など吐かないのに、酔いが深まるとそうしたくなる。この症状があらわれたときは潮時《しおどき》で、さらにみこしを据《す》えてしまうと翌日に悪影響が出ました。

三十代になってからは、目下《めした》の者を呼び捨てにするのが黄色信号の合図でした。えらそうに振る舞いたくなる、気が大きくなる、という酔いの代表的な症状なのでしょう。これが出たら、そこでストップするように心がけました。

知人に、宴席からの引き上げ方がたいへんきれいな人がいました。この人は無類の酒好きで、飲みだしたらきりがないというのが悩みのタネ、若い頃はだいぶ人にも迷惑をかけたそうです。

三十歳の誕生日を期して、彼は一大決心をしました。好きなものはやめられそうにないから、そのかわり日本酒換算で三合《ごう》飲んだら必ず席を立とうと。席を立ったら、周囲にその旨、気のきいたスピーチをして退散するのです。

日本酒三合とは少なくない量ですが、この人にはゆっくり飲んでも一時間もつかどうかの量にすぎません。二時間も三時間も腰を据えていては身体のほうがたまりません。

私が同席した夜、彼はきっかり開宴の一時間後に立ち上がりました。

「みなさん、今夜はどうぞゆっくりやってください。私のほうは早くも定量打ち止めとなってしまいました。相変わらずのスピード違反で、これ以上やるとレッドカードです。つらいところですが、ここで消えるのもまた奥ゆかしい。どうかまた誘ってやってください」

なんとも楽しいスピーチで、後味のよさが感じられました。

第5章

《悩む力》

困難やスランプを乗り越える忍耐力

悩みは自分をたくましくする挑戦課題

人生を前向きに生きる考え方については、第1章で述べました。この章では、実際に二十代の方々から寄せられた悩みに答えるかたちで、問題に対処する方法を解説してゆきます。

人は自分の問題意識に応じて、さまざまな悩みを抱《かか》えるものです。悩みというと後ろ向きのイメージもありますが、それを乗り越えることによって人が成長する課題だと解釈すれば、挑戦意欲のあらわれにほかなりません。

悩みがあるからこそ克服と達成の喜びもある。そんなふうに考えてください。

勉強はどこでもできる

Q.1

勉強したいとは思うのですが、落ち着いてできる場所がありません。

この人は会社勤めをしながら、ある大型資格の取得を目指しています。しかし、このところスランプ気味で、自宅に戻ってもなかなか勉強が手につかないとのこと。残業して疲れて帰った日など、テレビの前でぼんやり過ごす時間が増え、いっそのことビジネスパーソンのままでもいいかと弱気になります。

「だったら家にまっすぐ帰らず、図書館かどこかで勉強してくれればいいと思いますよ」とアドバイスすると、

「ちゃんと自宅に勉強机があるんですから、勉強はそこでするべきだと思います」

と生真面目《きまじめ》に答えます。

「成果が上がりさえすれば、勉強などどこでやっても同じだよ」

「子供の頃から勉強は書斎《しょさい》の自分の机でやってましたから、それは変えられません」

本人にとっては大事なことなのでしょう。しかし、こうした融通《ゆうずう》のなさは大きなストレスの原因になります。

自分の机で勉強をしなければという思いは、彼には一種の強迫観念《きょうはくかんねん》になっていると思われます。おそらく小さいときから親に、繰り返しそう言われてきたのでしょう。その教えを忠実に守ろうとする「よい子」の心と、そろそろ親の規制から脱したい衝《しょう》動《どう》とがぶつかり合って、スランプの度合いを深めているのかもしれません。

あくまで自宅で勉強したいというなら、そうすればいい。どうしてもうまくいかず、自虐《じぎゃく》の穴ぼこに落ちてしまいそうになったら、一度電車の中でやってみればいい。私はそう勧めました。

「車中学習」は別に私の専売特許ではありません。毎日の読書の時間を確保するために、わざわざ会社から二時間以上のところに引っ越した人もいれば、思索《しさく》と執筆《しっぴつ》は電車の中と決めている人もいます。芥川《あくたがわ》賞を受賞した森敦《あつし》という作家は、早朝の山手線の中を移動書斎にしていました。

名作『月山《がっさん》』は、揺れる通勤電車のシートの上で書かれたものです。

静かな室内ではどうも落ち着かないという人は、適度にうるさくリズミカルな振動が伝わってくる電車の中を勉強場所にしてみる。あるいは図書館やファミレスなどを利用するのも一法《いっぽう》です。

私の場合も、原稿の作成はオフィスのパソコンに向かって行いますが、勉強と読書はいまも電車を利用します。気分転換の意味合いもありますが、実際に電車の中のほうが神経を集中することができるからです。

いったん乗って、携帯電話をオフにしてしまえば、嫌でも活字に集中するしかありません。その環境が、自分を勉強なり読書なりに仕向けるには、かえっていいのです。

大型資格取得の受験勉強や、会社の仕事とは別のデスクワークにきちんと時間を割《さ》きたいという人は、それだけの強い目的意識があるなら、思い切って専用オフィスを借りてしまう手もあります。

生活費の無駄《むだ》を省《はぶ》けば、二十代でもワンルームの空間を賃借《ちんしゃく》することが可能です。

会社勤めの頃、私もこのやり方で週日の夜間と週末に自分の本を執筆しました。原稿料はその賃借料で消えてしまいましたが、もとより覚悟のうえです。私の目的は、それなりの実績をつくって早く独立することでしたから。

このやり方は、自分のいくつかの顔をきっちり演じ分けたいと思っている人にも好都合でしょう。職場では会社員、自宅では一個人、そして別の部屋では受験生なり研究者。価値観しだいでは、そんな生活も平均的な収入の範囲内でかないます。

その気さえあれば、勉強はどこでもできます。よい場所が見当たらないなどというのは言い逃れにすぎません。本気で勉強しようとする意欲がないだけのことです。

昔からよいアイデアを着想するのは「馬上《ばじょう》、枕上《ちんじょう》、厠上《しじょう》」といって、乗り物の上、寝ている枕の上、そしてトイレの中とされました。あなたも自分にマッチした場所を見つけてください。

「働くこと」の目的を明確にする

Q.2 働くことの意味がわからなくて、ときどき空《むな》しくなります。

第1章で職業のタイプを六つに分類しました。再録すると、

①特殊な個人的才能によって自活の道を拓《ひら》く完全独立型自由業
②主に「~士」「~師」と呼ばれるような資格によって自営業を営《いとな》む独立型自営業
③会社をみずから起こし事業の拡大を図る組織創造型自営業
④会社、団体など既存の組織に属して専門職を極める組織依存型自営業
⑤組織に属しチームワークによってさまざまな仕事をこなす組織依存型協業《きょうぎょう》
⑥フリーターあるいは嘱託《しょくたく》など、組織を媒介《ばいかい》として仕事に就《つ》く組織媒介型自由業

となります。

一般にサラリーマンと呼ばれるのは④と⑤のこと。このうち④組織依存型自営業のほうは、技術者や開発研究者など仕事の内容がはっきりしていますが、⑤組織依存型協業のほうはいわゆるゼネラリストに近く、職務は組織の意向によって変わります。営業を担当した後すぐに管理部門にまわされたり、数年単位で地方事務所を転々としたりすることも少なくありません。

どこの職場でどんな内容の仕事に就くかは、なかなか自分の希望通りにはいかないものです。右のような悩みを持つ人の多くは、この組織依存型協業に従事するビジネスパーソンです。

かつて経営の神様と称されたパナソニックの創業者・松下幸之助氏は、自分の会社が扱っている商品を毎晩抱いて寝てみなさいというようなことを言っています。そうすれば必ず愛着が湧いてくるのだと。仕事の意味がわからないだの、働いても充実感が感じられないだのと愚痴《ぐち》をこぼすのは、自分の扱う商品や仕事を愛そうとする積極的な姿勢が足りないからだというわけです。

松下幸之助氏の言葉を紹介すると、相談にきた若者は、

「愛そうとして愛することができるなら、転職も離婚もこの世の中からなくなるんじゃないですか」と不服そうな顔をしました。

「それなら、何のために働くのかを明らかにすればいい。仕事そのものが好きなのか、一緒に働く仲間が好きなのか。それとも顧客が好きなのか。どれも好きではないなら、いまの仕事はただ『食べるための労働』にすぎないってことだよね。長続きするはずがない」

そのとき私は、自動車メーカーの生産現場で働く友人のことを思い浮かべていました。車の製造ラインに従事して、組み立ての一工程の、そのまた一部分を担当する毎日ですが、自分が携わった車種を街で見かけるたびに、あれは自分の「作品」なのだと誇らしい気分を味わうそうです。商品そのものにも、それを必要としている顧客にも、大きな愛情を感じているのです。

彼は誇らしげにこう言ったものでした。

「根本のところに愛情があるから、時としてつらい、きついと感じる仕事でも続けていけるんだよ、きっと」

私はこの友人の「愛情」や「作品」という言葉に多くを教えられた気がします。

独りで制作する芸術作品や工芸品だけが作品ではありません。多くの人間の作業によって生み出される商品も、携わった人間の誇りがこもっている限り、それは作品なのです。かたちあるものだけではなく、無形のサービスにせよアイデアにせよ、本人にとっては作品に違いありません。胸を張ってそう言えるかどうかが、単なる「労働」と「仕事」を区別する条件なのではないでしょうか。

よく提案型営業の基本は、「その顧客」のために心から奉仕することだといわれます。顔の見える、人格としての「その顧客」のために、自社商品を中心として最適の提案を行うこと。このポリシーの有無が、売れればそれでいい単なる「物売り」と、顧客への奉仕としての提案型営業とを分ける要因となるのです。

こうした話をすると、先の若者は、

「こだわりみたいなものが大事なんですか？」

少し明るい顔をして尋《たず》ねました。

そう、こだわりというなら、たしかにこだわりです。「作品」であれ「仕事」であれ「奉仕」であれ、そうした自分なりの定義づけをもって職業を見つめ直してみることこそ、日常生活の漠然《ばくぜん》とした空《むな》しさから脱却《だっきゃく》する道かもしれません。

流儀《りゅうぎ》とはすべて独自のこだわりから生まれるものです。少なくとも、何のこだわりも持てない仕事からは、自己実現はおろか誇りも自尊心も、生きてゆく勇気すら生まれてこないでしょう。

中高年といわれる年齢になってもなお、口を開けば会社と自分のポジションに対する不満ばかりあふれ出す先輩方が大勢います。あなたのまわりにもそういう人がいたなら、若いうちに自分の流儀を確立できなかったらどうなるかの見本だと思って、反面教師にしてください。

迷ったときは困難な道を選択してみる

Q.3

物事を選択することが苦手です。選ぶのが怖《こわ》いというか……。

この手の悩みはよく、幼少期から過保護《かほご》に近い親の庇護《ひご》のもとに成長してきた優等生から耳にします。物事を自分で判断し、選択するという訓練をほとんど受けてこなかったために、大人になっても「選ぶ」という行為ができない。選んでもらった枠の中で真面目に努力するのは得意なのですが、その枠を自分で選べと言われると、戸惑《とまど》ってしまうわけです。

いわゆる「頭がいい人」の場合、選択肢それぞれの長所・短所をきちんと理解できるため、どちらも捨てがたく困ってしまうという例が少なくありません。

比喩的《ひゆてき》にいうと、コーヒーがいいか日本茶がいいかと聞かれて、「コーヒーは成分に含まれる少量のカフェインによって覚醒《かくせい》効果があるものの、胃を刺激《しげき》するので好ましい飲み物とはいえません。カフェインは日本茶のほうにも含まれていますが、コーヒーよりは微量《びりょう》です。そのぶん覚醒効果は乏《とぼ》しく、タンニンが身体によいとはいわれるものの、まだ充分に検証されてはいないようです。どちらがよいか、判断に迷いますね」といったように、頭でっかちな知識だけ披露《ひろう》することになりがちです。

好きな女性が二人いて、どちらと優先的につきあうべきか結論が出せずに悩む青年もいました。コーヒーか日本茶かのパターンと同じです。それぞれにいいところがあって、択一《たくいつ》はむずかしい。そもそも選ぶという行為は一方を捨てることで、そんな失礼なことはできない、という理屈です。

なるほどその通りかもしれません。とても善良で心優しい人であることは確かでしょう。

しかしこの世界では、選択しないことがさらに大きな罪つくりとなることが日常茶飯《にちじょうさはん》です。選ばない、あるいは選べないことは、明らかに能力の欠如《けつじょ》であると判断せざるを得ません。そのように割り切って考えるのが、ある意味では真の優しさでもあります。

さて、物事の選択に迷ったときは、何を判断の基準にすればよいでしょうか。乱暴《らんぼう》な表現ではありますが、私は「より困難なほうを選択する」ことをお勧めします。とくに気力体力ともに充実している年代においては、なおさらそうです。

たとえば、地下鉄のホームから地上に出る際に、階段をのぼるかエレベーターにするか。――あまりに単純すぎる事例ですが、この場合は断然、階段をのぼるべきです。身体の不自由な人や、その日どうも具合が悪いという人を除いて、階段を使用しなければなりません。なぜなら、階段のほうがエスカレーターよりしんどいからです。それによって多少足腰が鍛《きた》えられるというのは、むしろ二義的なこと。何事においても、自分は易《やす》きにつくことはしないという意思表示として、階段を選ぶのです。

怠惰《たいだ》と安逸《あんいつ》をむさぼることを人生のポリシーとしているのでない限り、よりしんどいこと、より困難なこと、より挑戦的なことを選択してみる。その気力こそが大きな事をなしとげるキーファクターであるといって過言ではありません。

駅の昇降口を見てください。どこでも階段はガラガラなのに、エスカレーターの前には大勢の客がたむろしています。楽をしたい、できるだけエネルギーは使いたくないという気持ちのあらわれです。若いうちから、日々の何気《なにげ》ない行動を通じて怠惰を習慣にしてしまった人に、創造的な中年・老年期が訪れるとは思えません。

二つの仕事のうち、好きなほうを選んでよいと言われた場合でも同じこと。より困難なほうを迷わず選択します。困難な道は、そのぶん達成感も大きく、自分の成長につながるからです。その体験の積み重ねこそが、やがてもっと困難な状況に遭遇したときに大きなパワーとなってあなたを助けるのです。

仕事の進め方にせよ、会議での議題の決定にせよ、何かを選択するうえで大切なことは「自信をもって決定する」ということです。A案とB案のどちらかが本当に正しいかなど、究極においては誰にもわかりません。選択した人が、その後の行動によってその正しさを立証していくのですから。それが選択と行動の相関関係です。

であれば、より重要なのは、どちらを選んだかより、その選択に基づいてどれほど果敢《かかん》に行動するかのほうです。

選択においてもその後の行動においても、最も失敗する確率が高いのは優柔不断《ゆうじゅうふだん》タイプです。選択は間違っていなくても、「やっぱり間違っていたんじゃないかな……」

と、いつまでも不安そうな顔をしたり首をひねったり。

そうした態度は周囲にも不安と迷いを伝染《でんせん》させ、物事の達成に不可欠な要素である積極的思考と集中力を奪《うば》い取っていきます。その結果として事態が暗転しても「ほら、やっぱり」と、初期の選択に間違いがあったかのように錯覚《さっかく》してしまうのが優柔不断タイプの典型的な例。実際には何もわかっていないのです。

やがて三十代になって、あなたが部下や後輩を率《ひき》いて仕事をするようになったとき、このことを思い出してください。すなわち、判断と決定の正しさを実証するのは行動であること。選択は素早く、その後の行動は軽《かろ》やかに。

熟慮《じゅくりょ》はもちろん大切ですが、そこでうろたえた顔をすることは熟慮の正しさなど吹き飛ばしてしまうものです。

物事を自分の頭で考える習慣をつける

Q.4 『自分の意見を持て』と言われますが、具体的にどうすればいいのかがわかりません。

この質問をしたのは、非常に素直な若者です。人の意見には丁寧《ていねい》に耳を傾け、きちんと理解することができる美点をもっていました。

人の意見をきちんと理解できる者と、すぐ斜《しゃ》にかまえて難癖《なんくせ》をつける者とを比較するなら、私は前者に軍配《ぐんばい》をあげます。第3章の「自分も他人も責めすぎない」で述べた通り、人の意見をあげつらうのが習《なら》い性《しょう》になってしまった者は、年を取っても「馬《ば》齢《れい》を重ねる」ばかりで成長がないからです。人に学ぶことができない、良好な人間関係を結ぶこともできないとあっては、この欠点は致命的《ちめいてき》なものと言わざるを得ません。

対他者との関係における人間の第一の成長ステップは、素直に聞く耳を持つこと。素直に聞くとは、相手に肯定的な態度を示すことでもあります。

「肯定的態度とは、相手の発言を相手の立場になって聴き、どこに賛成しようかと考える姿勢をいう。その底には、思いやりの気持ちが流れている。反対に、否定的態度とは、相手の発言を相手の立場で受け止め、どこに反対しようかと考える姿勢をいう。その裏には、自己防衛や自己顕示《けんじ》といった気持ちが潜《ひそ》んでいる」（PHP研究所編『土光敏夫《どこうとしお》 信念の言葉』〈PHP研究所〉）

とかく頭でっかちな人間は、はなから人の意見を批判してかかる癖があるので要注意。批判は傾聴《けいちょう》の後で充分です。成長ステップの第二段階なのですから。「自分の意見を持て」と言われる人は、この第二段階の入り口でつまずいているのでしょう。

周囲の意見をよく聞いたら、今度は自分の頭で考える番です。そのためには、

✦より多くの人の考えに接する
✦書物などによる疑似《ぎじ》体験を積む
✦自分の考えをまとめる習慣をつける

一例をあげてみましょう。

会社で頻繁《ひんぱん》に用いられる「管理」とは、具体的にはどういうことでしょうか。あなたの考えをまとめてみてください。

組織をあずかる管理者にとっては、自分の部下を指揮して、思い通りの業績をあげることです。一般的な答えとしてはこれで間違いありませんが、さて、もっとあなたなりの考えをつけ加えてください。

私が二十代の頃、職場の先輩に強制的な命令口調で管理するのを好む人がいました。部下のほうが提案型の質問をすると、すぐヒステリックに怒鳴《どな》るのです。組織や人事管理の理論については博識な人なのに、どうして軍隊式の管理を選択するのか。部下の納得と共感をうまく引き出すやり方のほうが効果的ではないだろうか。それでは「甘い」のだろうか、などと考えたものです。

その頃ベストセラーになった本に、ケネス・ブランチャード、スペンサー・ジョンソン著『1分間マネジャー』(ダイヤモンド社)がありました。英和対照版のサブタイトルは「人を動かす共感の哲学」。内容の斬新《ざんしん》さとともに、この共感という言葉こそが管理のキーワードだと私は思いました。辞書にはそう書いてはありませんが、体験と思考によってそう確信したわけです。

見聞《けんぶん》が広まるにつれて「管理」の定義はさらに変化を続け、最近こうして説明するときにはとても簡単な表現をするようになりました。

人の管理の原点は「相手を気持ちよくさせること」です。気持ちよくさせることができれば、あれこれ注文をつけなくても人は自発的に働くものです。みんなが気持ちよく働けば、おのずと生産性は高まり業績は向上します。組織風土も改善されるでしょう。であれば、管理の肝《きも》は「生産性向上」や「業績達成」など結果を示す言葉より、「人を気持ちよくさせる」という能動的な行為のほうです。

私はそう考えるに至りました。

自分の意見とはどんな分野であれ、このように形成されてゆくものです。問題意識をもって観察すること、自分の頭でよく考え、自分の言葉で整理してみること。

こんなふうに説明すると、

「気持ちよくさせる、というだけでは漠然としすぎていませんか？」

本項の質問者に、重ねて尋ねられました。

「どうすれば気持ちよくできるかは、各人が考えればいいと思う。それより、みんなこうした配慮《はいりょ》が少なすぎるんだよ。人を自分の思惑《おもわく》通りに動かすことばかり考え、相手に『快《かい》』を与えようとする心がない。管理なんかできっこないわけだ」

「そうでしょうか。でも、ぼくが思うには……。うまく言えませんが……」

彼は口ごもりながらも一生懸命言葉をさがそうとしました。自分の意見を持つことの第一歩が始まったわけです。

自分の信念を仕事と行動に託《たく》す

Q.5

おまえは反抗的だと、年長者からよく注意されます。でも若いうちは反抗的なくらいでいいんじゃないでしょうか。

これは前項の質問者とは反対で、批評家型の傾向が見える若者です。

私がやんわりそれを指摘すると、

「先生は以前、たしか徳冨蘆花《とくとみろか》を引用して、若い人間は謀叛《むほん》を起こせなくちゃ駄目だって書いたじゃないですか。ぼくはうれしかったんですけど。あれは否定するんですか?」

舌鋒《ぜっぽう》するどく迫ります。

徳冨蘆花云々《うんぬん》というのは、ある学生新聞に書いたエッセイのことで、引用文は次の通りです。

「諸君、謀叛《むほん》を恐《おそ》れてはならぬ。自《みずか》ら謀反人となるを恐れてはならぬ。新しいものは常に謀叛である」（徳冨健次郎著『謀叛論』〈岩波書店〉）

新しい時代の流れをつくるほどの人は、はじめは謀叛人か異端者のように言われますが、それはいつの時代もそうだったのであり、恐れるほどのことはない。かのパブロ・ピカソも喝破《かっぱ》したではないか、「創造的行為はみな、なによりもまず破壊行為である」と。そんな内容の一文でした。ちなみに徳冨蘆花は徳冨健次郎のペンネームです。

「否定したりはしません。ただし私が勧めたのは行動のレベルのことだ。自分は何

もしないで人を批判することではないよ。ましてや人の言うことに言葉のうえだけで反抗することでは全然ない」と答えると、

「まず言葉ありきです。聖書にもあるじゃないですか」

なかなか口の達者な若者です。まだ二十代の半ばなのですが、会社では早くもお荷物扱いされているとのこと。ときどき意見を求めにくるものの、ああ言えばこう言うで、人の意見をしずかに傾聴することができません。

先日はピカソや徳冨蘆花だけでなく、もっと身近な人の言葉を引用して語り合いました。この若者が好きな漫画家・小林よしのり氏です。

「今あらゆる場所に、技術を磨くような真面目さもないくせに、自意識だけが肥大《ひだい》して『わたしを見てくれ見てくれ』とばかり言うヤツが多くなってしまった。こんな時代だからこそ、これからの時代を背負って立つ若い人には、まず技術を徹底的に磨きあげてほしい。地道にやれば、何年か後に必ず大きな差が出るから。評価は後からついてくるよ。それぞれの現場のプロになってくれ!」(『ゴーマニズム宣言9』〔双葉社〕)

まず技術を徹底的に磨きあげること——さすがにその道のプロらしい指摘です。

どんな社会に属するにせよ、現場のプロであるためには技術を磨きあげることが先決です。ピカソにしても、はじめは基本的なデッサンの勉強から始めました。旧来の技術の習得に関しても、その腕前はやはり一流だったことは初期の習作を見れば明らかです。

そうした段階を経《へ》てピカソは「ピカソ流」の開祖になったのであって、いきなり「芸術は爆発《ばくはつ》だ！」とばかりに絵画の革命を起こしたわけではありません。

こうした道筋を、芸事《げいごと》の世界では「守《しゅ》・破《は》・離《り》」と言い習わします。まずは師匠《ししょう》の教えに従って謙虚《けんきょ》に学ぶ段階。第４章の「師匠のやり方をまねてみる」でも述べた通り、これをないがしろにしては自己流も何もありません。

「守」の段階を完全にマスターしたら、そこに新しい手法を考案する。場合によっては旧来のやり方を否定することもあり、それがピカソのいう破壊行為です。新しい流儀を創造するためには、古い流儀を誰よりも知っていなければなりません。そのうえでの「破」であり「離」であるわけです。

「漫画界の先人たちは、この表現形式からどんな新しいものを作れるか、必死に追求してきた。白土三平《しらとさんぺい》や、さいとうたかおだって、出てきた時はこれは漫画じゃない

って言われたんだ」（同書）

反抗でも謀叛でも、キャッチフレーズは何でもいい。言いたいことがあるなら、それこそ白土三平やさいとうたかをのように自分の「作品」を通じて表さなければいけない。肝心《かんじん》な点はここです。

会社勤めの人間なら、自分の現場の仕事によって表現する。現場のプロになるとはそういうことであって、口やかましい批評家もどきになることではありません。

小林氏のメッセージをもうひと言。

「どの現場でも、自分をつねに極限状況に置いて、この1本、この1発の仕事に自分をすべてかけなきゃいかん。これを失敗したら、もう自分はないという覚悟をしなきゃ」

目標の定まらない独立は危険

Q.6 いずれ独立したいという意欲はあるけれど、どんな仕事をすればよいかわかりません。

独立心が強いことは、基本的によいことです。他人や会社に寄りかかることばかり考える「おんぶ大好き人間」より、はるかにエネルギッシュな人が多いといえるでしょう。しかし、中にはやみくもな独立志望者もいます。

あえてこのタイプのマイナス面に言及すると、

- **人と協調して仕事をすすめることができない**
- **一つのことに長く集中することができない**
- **大ぶろしきを広げる割に地道な努力が伴《ともな》わない**

✺何か新しいことがあるとすぐそちらに目を奪われる

つまり協調性がなく飽《あ》きっぽい性格、新しがり屋ということになります。

協調性の欠如や新しいもの好きは、しばしば完全独立型自由業として成功する人たちに見られる特徴でもありますが、その場合は人並みはずれた集中力と、地道な努力を継続できる「才能」が必要条件です。

何でもいいから独立したいと考える人たちは、単に人と協働《きょうどう》するのが苦手、あるいは会社から認められる人材ではない、というケースが過半を占めます。独立したところで、すんなり成功するはずもありません。

ひと頃の起業ブームに誘われて、私のまわりでも何人ものサラリーマンが会社を辞め、新天地を求めて羽ばたきました。そのうち「起業家」の名に恥じない活躍をしているのは、ほんの一割程度にすぎません。

何に打ち込みたいか明確な情熱の対象もないままに、出たとこ勝負の安易さで○○レンタル業を始めたりフランチャイズ店募集の広告に飛びついたりして、すぐにうまくいくはずもないのです。会社が嫌《いや》だから、人に使われるのが嫌《きら》いだから、といった理由で退職しても、まずロクなことはないと覚悟を決めておくべきです。

同じことは転職についてもいえます。第1章の「転職を考えている人への注意」でも指摘した通り、実態として転職の多くは本人の努力不足に起因しています。培《つちか》った能力をさらに生かす、あるいは才能を認められ、人に請《こ》われて会社を替わるケース以外の転職は、ほとんどが「負け犬型転職」だと考えていいでしょう。

知人の経営コンサルタント斎藤之幸《くにゆき》氏は、転職や独立を試みても失敗するタイプとして次の三つをあげています。

●根なし草タイプ——はっきりした目標や夢がない。やる気、忍耐力に欠けている。転職を繰り返す。

●不平不満タイプ——協調性がなく被害者意識が強い。すぐに敵をつくる。自制心が欠如している。

●うぬぼれタイプ——独善的《どくぜんてき》でエリート意識が強い。待遇《たいぐう》には非常に神経質。周囲をバカにする。

人に嫌われる代表的なタイプですから、会社を替わっても、独立して人を使う立場になっても、成功の確率が低いのは当然といえるかもしれません。

独り立ちしたいと願うなら、まず何をするためなのかを自分に明らかにしておくことが先決です。よく「裕福な生活をしたいから」と答える人がいますが、これは第3章の「他人に左右されない人生の目標を持つ」で説明した通り、絶対目標とはいえません。他人と比較した上での相対的な目安は、一つの動機づけにはなるものの、人がそのために失敗しても悔《く》いなしといえる価値基準ではないからです。

現代では年収一千万円程度あれば「裕福な生活」を可能にしてくれるでしょう。しかし、多くの人の収入が上がれば、裕福の条件は年収二千万円になるかもしれません。裕福になることが第一目標であれば、ビジネスの内容は二の次になります。であれば、節操《せっそう》も信条も失われ、危ない橋だって平気で渡るようになるでしょう。金儲《かねもう》けだけを目標とすると、往々にして悲惨《ひさん》な結末が待っています。

「仕事の報酬《ほうしゅう》は仕事である」

こう説いたのは、昭和を代表する名経営者・土光敏夫《どこうとしお》氏でした。石川島播磨《はりま》重工業（現ＩＨＩ）や東芝の社長を歴任するほどの人でありながら、自身は伝説ともなった月十万円ほどの質素な生活に安んじ、余財《よざい》は母親が運営する学校に捧《ささ》げる。真に豊かな清貧を実践した人でした。そんなまねを誰もができるわけではありませんが、「仕事を通じて豊かに生きる」ことの意味を学ぶことはできそうです。

独立を志向するなら、それに殉《じゅん》じてよいと思えるほどの仕事を持つこと。それが「満足できなくても納得のいく人生」を送る必須の条件です。

「たいていの仕事は、いまいる会社でもできます。むしろ会社にいたほうが、将来大きな仕事をやらせてもらえると思ってますから」

転職と独立に関する座談会の席で、まだ二十代の若者からこんな意見を聞いたことがあります。独立しても成功する確率が高いのは、むしろこういう人なのです。

成功する人を素直に認める

Q.7

若くして成功するのは、人に取り入るのがうまいやつか、成り上がり者みたいな人間ばかりだと思うのですが。

これは二度目の転職の相談にきた若者の弁です。

私が前項に記《しる》したような転職反対論を述べたところ、それは空論ではないかと言って反論したのでした。

「この仕事ができたら本望《ほんもう》だと思えるような仕事が、そんなにたくさんあるでしょうか。たいていの会社員は、嫌々ながら仕事をしているみたいです」

「だったら、仕事をする目的はなんだろうか？」

「生活のためです。それに、どうせなら人より早く出世したいし、お金もたくさんほしい。だから負けまいとして頑張るんですよ」

「人に負けまいとして頑張るだけでは、長続きしないんじゃないかな」

「でも、現実はそうだと思います。若くして成功するのは、人に取り入るのがうまいやつか、成り上がり者みたいな人間ばかり。ぺこぺこするかラッキーかですよ」

この理屈には苦笑してしまいました。表現の仕方は笑えるものの、解釈を間違えなければ、ずばり正鵠《せいこく》を射《い》た指摘なのです。つまり「人に取り入るのがうまい」というところを「人を気持ちよくさせる」と解釈し、「成り上がり者」を「独自の才能によって成功する者」と考えればよいのです。

他人の成功に対して、私たちは彼と同じようなものの言い方をよくします。羨望《せんぼう》と嫉妬《しっと》の感情が隠し味となっているからです。

しかし、よく考えてみればわかる通り、人が成功をおさめるためには二つの方法しかありません。自分の才能や能力を十分に発揮するか、人を気持ちよくさせてその力を上手に引き出すかです。個人的能力とリーダーシップと言いかえれば、組織の中で頭角《とうかく》をあらわす要因として理解できるでしょう。

個人的な能力の優《すぐ》れた者が成り上がり、リーダーシップを発揮する者が成功するというのは当たり前なことです。それを否定的な観点から眺《なが》めているだけでは、ケーススタディになりません。人に取り入るのがうまい者からはその美点を学び、成り上がり者からは成り上がるための秘訣《ひけつ》を学べばよいのです。成り上がる者には成り上がるだけの理由がある。素直にそう考えなければなりません。

この読みかえがプラス発想の具体例であり、人が成長する大きな原動力ということができます。

自分の力のなさを人のせいにしない

Q.8

いろいろ部署を変わっても、上司に恵まれません。どうでもいい仕事ばっかりで、毎日うんざりです。

仕事や上司に恵まれない。自分の能力が活かされる場がない。こうした悩みを口にする人と数え切れないくらい話を交《か》わしてきました。

「相手の上司もきっと、おれはどうも部下に恵まれないと、しょっちゅう愚痴をこぼしているかもしれないよ」

ちょっと挑発的《ちょうはってき》な言い方をすると、

「愚痴をこぼす資格なんかありませんよ。仕事の指示はいいかげんだし、こちらがきちんとやっても評価してくれないんですから。部署は変わっても、うちの会社の管理職はみな似たりよったりのレベルなんです」

ムキになって答える人が少なくありません。

何の問題意識も持たず、怒りも喜びもなく、ただぼんやり毎日をやり過ごしている人と比べれば、反発のエネルギーも持っている分、向上の余地があるということはできるでしょう。ただ、口にしてみたところで効果がない他者攻撃《こうげき》を繰り返しても、埒《らち》があきません。

他人を責めるだけの他責《たせき》の心は、現状を改善するプラスのエネルギーにはならないからです。それを自分の側の問題として考える自責《じせき》の心こそが、変革のための新しいものの見方を提供してくれます。

上司を非難する人たちの言い分を聞いていると、ワースト・ファイブはだいたい次の通りです。

- **人間的な魅力を感じない**
- **上に立つ者としての技量・力量がない**
- **言うこと・することがころころ変わる**
- **自分の保身のことばかり考えている**

● **何か反論するとすぐ感情的になる**

同様に、仕事に関する不満は、

● **やりがいのある仕事に就けない**

● **ルーティンの作業が多い**

● **自分の能力を活かせない**

● **創造力を発揮する場がない**

● **新しい提案を受け入れる風土がない**

どれももっともらしい理屈ですが、自責のまなざしが欠けている点で共通しています。

二、三年も社会人としての生活を送ってみれば、すべての上役《うわやく》や先輩が人格円満・技量熟達《じゅくたつ》の人ではないことぐらい、すぐに察しがつくはずです。それがよいだの悪いだのではなく、与件《よけん》（すでに存在している事実）としてそうなのですから、ではどんなスタンスで接していくかを戦略的に考えるのが大切な視点です。仕事についても同じことです。

会社の中には単純繰り返し的なルーティンの業務が多く、自分から働きかけなければ創造力を発揮する場が少ないことなど常識です。「やりがいのある仕事に就けない」と嘆《なげ》くのではなく、「仕事の中にやりがいを発見しようとする」のが自責の態度といえます。

この自責の心を持っていて、かつ人並みの能力と仕事に対する情熱があるにもかかわらず、いつも不遇《ふぐう》を託《かこ》たなければならない人など、めったにいるものではありません。多くの場合、それはヒューマン・コミュニケーションの部分に致命的な欠陥があるはずです。ひとくちに言って「ケンカの作法《さほう》」に類するところで未成熟なのです。

第4章で述べた通り、ケンカの作法に通じておくことは組織人として必修の教養科目といっても過言ではありません。同じことを主張するにしても、この「教養」の有無によって人に一目《いちもく》置かれる人もいれば、いさかいの絶えない人もいます。何を言うかも大切ですが、どう言うかのほうがそれ以上に大切な場面がよくあるのだということを、しっかり認識しておく必要があるでしょう。

部署を変わっても、いつも上司とうまくいかないと嘆く人の八割以上は、自責の心の部分に問題があります。これも自分の力のなさゆえではないかと考えるところから始めてみてください。

上司が無能だの仕事がくだらないだのと憤慨《ふんがい》したところで、何がどう変わるわけではありません。無能な上司からでさえ賞賛され推挙《すいきょ》される部下もいれば、上司をうまくリードして大きな仕事をなしとげる人物だって大勢います。

上司と良好な関係を築くのも、やりがいのある仕事を引き出すのも、組織人としての能力にほかなりません。

こんなふうに説明すると、

「そういうくだらない努力をするのは嫌です」

と首を振る人もいます。

気持ちのよい人間関係を築くための努力を「くだらない」と感じるなら、組織を離れて独りで自活してゆく専門能力なり技術なりを身につけることです。要するに、自分はどこで、どの分野で、どんなふうにして自己実現を図りたいのかをまず旗幟鮮明《きしせんめい》にしておくことが先決です。

スランプになったときの対応策を考えておく

Q.9 いったんスランプに陥ると、何も手につかなくなってしまいます。

仕事でも私生活でも、何かうまくいかないことがあるとすぐに深みにはまり込んでしまう人がいます。くよくよ悩み続けたり際限《さいげん》なく自分を責めたり、中には自暴自棄《じぼうじき》になったりする人もいます。おおまかに性格のタイプ分けをすると、次のようになります。

- **真面目で几帳面《きちょうめん》、克己的《こっきてき》な性格**
- **ワッと恐慌《きょうこう》をきたしやすい性格**
- **短気で諦《あきら》めやすい性格**

いずれにも共通して指摘できると思われるのは、不調の時期をうまくやり過ごす知恵が欠けていることです。

実際問題として、経験量の乏しい二十代に、こうした「人生の知恵」のようなものを要求するのは無理かもしれません。小さなスランプで大きすぎるケガをしないためには、こんなふうに考えればよいということだけ学んでおいてください。

「いったんスランプに陥ると、何も手につかなくなってしまいます。気分転換が下手なのかもしれません」

こう言ったのは、見るからに繊細で几帳面そうな青年でした。

「気分転換をすれば、スランプから脱出できるの?」

「脱出できなければ、なんていうか、恥ずかしいじゃないですか」

「恥ずかしいとは限らない。恥ずかしいというのは他者の目を意識した感情だよ」

「めいったり考え込んだり、うろたえたりするのはやはり恥ずかしいことです」

この青年は気分転換が下手というより、「スランプのときは早く気分転換をしなければ」という切迫感によって心が乱れるタイプのようです。失恋をしたり仕事で大きなミスを犯《おか》したりすると、すぐ心が過剰に反応して冷静さを失い、続いてその失態《しったい》をなんとか糊塗《こと》しようとする心理が働き、ますます自律心を失っていく重層的な落ち込みの例です。

「どんなふうにスランプになったの？」

「恋愛問題でちょっといざこざがあったもので。こんなときはいつも以上に食べて体力をつけなくてはと、無理して食べたらリバースしてしまったんです。それからずっと食事が喉《のど》を通らなくなりました」

この言葉を聞いて、私は青年に親しみを感じました。というのも、私自身ちょうど彼と同じくらいの頃、二十代の前半に似たような体験をしたことがあったからです。

心の問題は肉体によって解決しなければならない。——失恋の直後、そう考えて無理やりランニングをし、ほしくもないラーメンを二杯食べたところで嘔吐《おうと》してしまいました。こんなことで悩んではいけないと先まわりして手を打ったつもりが、かえって心身の失調を深めることになったようです。

しばらくして恩師のもとを訪ねたところ、面白い意見を聞くことができました。

「あれこれ考えてもロクなことがないから、一日だけしっかり考え、それから一定の時間をおいてみるといいよ」と。

まずどこか気の休まるところに出向いて一日、錯綜《さくそう》する思いを問題提出のかたちでしっかり書き出してみる。その回答は一週間か二週間後、また同じ場所で考えることにする。実践してみると、意外に効果があるものだと教えられました。

これは気持ちを変えるための三つの方法論を組み合わせたものです。一つは場所を変えることであり、もう一つは書くことによって自分の心を整理すること。三つ目は時間をおくことです。

ただ時間をおくだけでは気持ちを鎮《しず》めることはできず、同様に書くだけでも、はやる心を落ち着かせることはできません。それらを組み合わせてみると、比較的自然な自己統御《とうぎょ》が可能になります。

気分が沈み込んで、長期的なスランプに陥るのは、その原因の根を断ち切ることができず、かといって忘れていることもできず、解決の糸口を見いだせないまま傷口をいじくりまわすからです。いつまでたっても心にかさぶたができないのです。

そういうときは場所を変え、気持ちをリフレッシュして、思い切りノートに書いてみる。そのうえで、日と時刻を定めて再び問題と向き合うことにすれば、満足はいかないまでも、ある程度納得して過ごせるようになります。

身をもってその効果を知ってからというもの、私は心がふさぐたびに信州へ旅するようになりました。週末、気に入っている古い旅館に泊まり、そこでひと晩ノートに向かって自己反省のときを過ごします。その時点で心の憂《う》さの半分は消えているものです。あるいは問題解決のための新しい視点があることに、はっと気づいたりします。

スランプ脱出のために始めた小旅行でしたが、いつしかそれは四半期ごとの定例行事として定着するようになりました。やっかいな問題に遭遇するたびに、「これも今度出かけた折にゆっくり考えることにしよう」と自分に言い聞かせます。それだけで、なんだか問題が生じたことさえうれしいことのように感じられるのです。

時間を限定してのめり込んでみる

Q.10

仕事がハードすぎて、とても自己啓発どころではありません。

「自分もあの同業の後輩みたいに、若くして自殺しちゃうのかなって。本気でそう思ったことがあります」

まだ二十五歳の男が、ぼそっとつぶやきました。

同業の後輩とは、二十四歳でみずから命を絶ってしまった大手広告代理店の社員のことです。家族の告発によって、死の数か月前からの超長時間労働の実態が明らかになり、裁判所から「過労死」と認定されました。

過労による精神障害や病気・事故などは中高年の問題と思い込んでいる人が多いよ

うですが、現実にはそうとは限りません。私の前でつぶやいた若者も、身長百八十センチ超の屈強《くっきょう》そうな人でした。深夜残業が続き、頭が働かなくなって自殺しかけたこともあります。

「おまえの取り柄《え》は体力なんだから、どこまでやれるか、とことん頑張ってみろ」

同じ体育会系の先輩たちからそう言われ、「押忍《おす》！」のひと言。週の半分は会社に寝泊まりしてのサービス残業だそうです。

ここまで仕事漬《づ》けの日々では「とことん頑張れ」などナンセンス。玉砕《ぎょくさい》の勧めでしかありません。直属の上司なり部長なりにきちんと現状を説明して、少なくとも連日連夜の残業はなくしてもらうようにとアドバイスしました。

「それはできません」

彼はきっぱり言いました。

上司に泣き言などこぼしたら、まわりから〝村八分《むらはちぶ》〟にされてしまうというのです。

「そんなおかしな人ばかり集まっているの？」

「自分のところは、そういう風土の会社なんです」

――そういう風土の会社は、見切りをつけてすぐにやめるか、いずれ自力《じりき》で風土を刷新《さっしん》してやるぞと肝に銘《めい》じて励《はげ》むか、二つに一つです。後者を選ぶには、人並みはずれて図太い神経と体力が要求されるのですが、彼にはどちらも充分とはいえないようです。いずれ本当にまいってしまうのではないかと懸念《けねん》されました。

こういう状況に置かれたときは、半年なら半年、一年なら一年と時間を限って、そのあいだだけ一生懸命やってみようと居直ってしまうことです。

せわしない日常生活の中で、人が体だけでなく心まで患《わずら》ってしまうのは、その労苦がいつまで続くかわからないところにも由来します。「いつまで続くぬかるみぞ」の不安と「こんなはずではなかった」というあせりの気持ち、さらには頑張りがきかない自分への苛立《いらだ》ち。こうした思いが重なってストレスを倍加させ、深く心身を傷つけてしまうのです。

この種のストレスは、時間を限って取り組むことで半分以下に減少します。

半年後なり一年後なりに、自分の成長についてのプラスとマイナスの対照表をつくり、じっくり清算してみよう。続ける価値があると判断できればよし。できなければ、きっぱり割り切って新天地を求める。そう決めておくのです。

一定の期間思い切りやってみて、それでも駄目だったら会社のほうが悪い。あるいは相性が悪かったのだと考えればよいのです。

そのくらいの覚悟で臨む半年なり一年は、やはりたいへん厳しいものではあるでしょうが、そのたいへんさ、厳しさによって、必ず成長の糧《かて》となります。そういう時期が二十代にあっても、決して損にはなりません。

このアドバイスの通り実行して、半年で会社をやめた別の若者がいます。

ある地方新聞の広告下請会社に就職したものの、仕事は電話帳をたよりに朝から夜まで広告勧誘の電話をかけまくるだけ。あまり面白くないというだけでなく、ちょっとした嘘《うそ》までつかなければならなかったのが悩みのタネでした。

そこで仕事のプラス・マイナス対照表を実際につくり、半年だけ続けてみることにしたのです。夜はあれこれ思い悩まずすぐにベッドに入り、朝は三十分早く出て、会社の近くの喫茶店《きっさてん》で対照表と「チェックシート」をつける。それだけの工夫でしたが、一定期間だけ集中してみようと心を決めると、意外にすっきりしたそうです。

あまりのマイナス超過に辞表を書くことになりましたが、自分との折り合いはうまくつきました。納得がいったなら、それがベストではなくてもベターな選択ではあったわけです。

心が疲れ切ったときは無理をしない

Q.11

朝がくるたびにつらくなって、いっそ死んでしまいたいとさえ思う毎日です。

ひとくちに心の疲れといっても、ピンからキリまであります。「キリ」のほうでは、多くの新社会人が体験する五月病や、単に性格的問題にすぎない怠惰病など、まあ無視してかまわないようなものがあげられます。

もう少ししんどい状況でも、原因や理由がはっきりしている場合は深刻に考えるまでもありません。身体的な過労であれば休息をとる。一時的な落ち込みであれば旅行をしたり（場所を変える）自己分析の文章をしたためたりする。本章に既述した通りの対象療法でほとんど解決するものです。

問題なのは、それでも解消しない「ピン」の部類のケースです。掲《かか》げた発言のように、気分が慢性的《まんせいてき》にひどくめいったり、一定の症状が定期的にあらわれたりする場合は、心のやまいを疑う必要があります。いわゆる「ウツ病」です。

ウツ病というと、いかにもたいそうな病気のように感じられますが、恐れるほどのことはありません。ただし、気合を入れれば治る、規則正しい運動と睡眠で治るといったようなレベルではない点が要注意です。根性だの節制《せっせい》だので、すぐ完治するなら逆に「やまい」とは呼びません。

精神科医は、次のような症状が複数見られたらウツ病の可能性があると警告します。

- **朝いつもより早く目がさめてしまう**
- **朝テレビや新聞を見る気になれない**
- **仕事に取りかかる気が起きてこない**
- **身だしなみに以前のような関心が持てない**
- **なんとなく不安でイライラしている**
- **これから先やっていけるか自信がない**

● 何をするのもおっくうに感じる
● 涙ぐんでしまうことがよくある
● いっそ死んでしまいたいと頻繁に思う

「朝が来るたびつらくなって、いっそ死んでしまいたいとさえ思う毎日です」

二十代の公務員がもらしたこの言葉には、聞き捨てることのできないサインが三つ含まれていました。①朝がつらい、②死んでしまいたい、③毎日そう感じる、の三つです。

当人が夜更《よふ》かし大好きで深酒大好きの、ただの不養生《ふようじょう》なら話は別なのですが、見るからに几帳面そうで受け答えも丁寧な、律儀《りちぎ》を絵に描《か》いたような人物。実は、一番ウツ病になりやすいタイプです。

「こんなことではいけないと自分を叱《しか》るのですが、どうも勤めに出る勇気が湧いてこなくなって……。昨日は這《は》うようにして駅まで行ったところで、上はスーツ、下はパジャマのズボン姿だったのを人に注意されました」

私は専門家ではありませんが、この症状が医師による治療を要するものであるくらいの察しはつきます。すぐにそう伝えました。

「病院や医者は、できたら避《さ》けたいですね。とくに精神科なんか。自分が情けないです」

「ウツ病など、最近では気分障害というそうだ。情けないと思うから気分がめいるんだよ。胃腸障害には胃腸の薬、気分障害には気分の薬がきっと必要なんだよ。一度行ってごらん」

しばらく二の足を踏んでいましたが、思い切って通院すると三カ月ほどで元気になったそうです。

一般にウツ病とは、軽いものでも三つの徴候《ちょうこう》が認められるとされています。
①憂鬱《ゆううつ》な気分、②不安感、③おっくうな感じ。
ただ気分が落ち込んでいるだとか、調子が出ないといった症状とは異《こと》なるわけです。

どうも心が慢性的に疲れる、頑張ろうとしても気力が湧かない、こんなことなら死んでしまいたい——そういう状態が続いたときは、無理をして頑張らずに専門家に相談してみてください。

第6章

《学ぶ力》

たくましい自分をつくる教養力

! 総合的な知性を身につける

学ぶ力とは、具体的には①人から、②自分の経験から、そして③先人の書物などから、広く知恵を吸収しようとする意欲と能力のことです。

①と②については、すでにさまざまな角度から論じてきたので、ここでは③先人の書物から学ぶことに焦点をしぼってみます。

ジャンルとしては、「たくましい自分をつくる教養力」という章のサブタイトルにふさわしく、古典的な思想書をまじえ国内外の教養書を取り上げてみました。二十代にはちょっと歯ごたえがある本も含まれていますが、まったく歯が立たないものはありません。どこまでしっかり読み込めるか、チャレンジしてみてください。

ナンバーワンの哲学書から学ぶこと

——『方法序説《ほうほうじょせつ》』（デカルト）

物事を順序立てて考える方法がわかる本

「自分の哲学を持て」という言葉をよく耳にします。あなたはどうでしょうか。まだ聞いたことがなくても、二十代のうちに上司や先輩からきっと言われる機会があるでしょう。

哲学とは、多くの場合「確固《かっこ》たる自分の考えや流儀《りゅうぎ》」という意味で使われますが、学問としての哲学はむずかしそうなイメージがあります。では、哲学書のナンバーワンはどうかというと、これが意外なほど読みやすい本なのです。

大学の哲学科の教師に「最初に読むべき哲学書は何か」とアンケートをとると、おそらくデカルトの『方法序説《ほうほうじょせつ》』がナンバーワンの座を占めると思われます。「**われ思う、ゆえにわれ在《あ》り**」という有名な言葉がはじめて記《しる》された本であることと、人が自分なりのポリシーを持つための方法がわかりやすく説かれていることが理由です。

一般に哲学書というと、書名からして硬《かた》く、手に取る前に一歩引いてしまいたくなるようなものが少なくありません。『方法序説』もそれに近いと感じられる人がいるかもしれませんが、原題を今風に翻訳すると「物事を順序立てて考える方法がわかる本」。普通の自己啓発書のようになります。

この本は自叙伝《じじょでん》風の平易な書き方で、デカルトが自分の人生の流儀や、物事を学ぶ態度をどのように定めたのかが丁寧《ていねい》に語られています。参考になるところをピックアップしてみましょう。

デカルト流の学び方、四つのルール

まず学び方の態度として、デカルトは次の四つのルールを定めました。

①自分が明らかに正しいと認めたこと以外は「真」と認めないこと。速断と偏見《へんけん》を注意深く避《さ》けること。

②検討し吟味《ぎんみ》する問題は、できるだけ小さく分割して考えること。

③思想は順序に従って形成すること。単純なものから段階を踏んで複雑な認識に至ること。

④常に見落としがないよう全体を見て、詳細に書き出すこと。

多くの学問を修《おさ》めたあげく、たどりついた結論がこれでした。

「この程度のことなら自分にだって言える」と読者は感じるのではないでしょうか。しかし、たったこれだけのルールにしたがって、デカルトは「哲学の第一原理」を明らかにしようと試みたのです。その結論が「われ思う、ゆえにわれ在り」でした。

どんなに疑っても疑うことのできない存在とは何か、とデカルトはみずからに問いを発しました。これは紀元前のギリシャの昔から、哲学の最も根本的な問題とされてきたものです。疑うことのできない存在、それは自分という存在さえ疑うことのできる自分自身ではないか。デカルトはそう考えました。たとえ自分が想像上の現象であったり、夢を見ているにすぎないとしても、そのように果てしなく疑い続けることのできる自分という存在は、たしかに存在しているといえるのではないか。

そのように考えたあげく、デカルトは「思考する自分という存在」を哲学の第一原理と結論づけたのです。

幸福に生きるための指針

学び方のルールを定めた後、デカルトは幸福に生きるための指針、別の言葉でいえば処世《しょせい》の知恵を模索《もさく》します。これも四つのルールで示しました。

①周囲の人々の最も穏健《おんけん》な意見に従って自分を導くこと。何事も「極端」を避けること。
②行動においてきっぱりとした態度をとること。こうと決めたらやり通すこと。
③運命よりも自己に打ち勝つこと。自分の欲望を変えるよう努めること。
④さまざまな仕事を吟味して最もよい仕事を選択すること。

学び方のルールにしても、この処世の指針にしても、難解なところはまったくありません。哲学書というよりは自己啓発書のおもむきです。だからこそ現代の若い世代にも十分に活用できる本として推奨《すいしょう》するわけです。

『方法序説』において見落としてはならないのは、こうした結論だけではなく、なぜそのような結論に至ったかのプロセスです。つまり、自分の頭できちんと考える方法のお手本がここに示されているのです。デカルトがこの本を完成したのは四十歳になってからでしたが、すでに内容をきちんと頭に刻みつけていたのは二十三歳のときでした。

「自分の哲学を持て」とはどういうことかと思い惑《まど》ったときは、『方法序説』をひもといてみてください。週末の二時間か三時間を割《さ》いてみるだけで、新しい知の地平が開けてきます。考える力を養《やしな》ううえで貴重な体験となることは間違いありません。

幸運を引き寄せるための思考法
――『努力論』（幸田露伴《こうだろはん》）

運命とはどういうものか

日本人が書いた自己啓発書の古典ナンバーワンは何かと聞かれたら、私は迷いなくこの本をあげます。幸田露伴《こうだろはん》の『努力論』。なんとも初々《ういうい》しい書名です。

目次をざっと見てみましょう。**「運命と人力と」「着手の処《ところ》」「自己の革新」「惜福《せきふく》の説」「分福《ぶんぷく》の説」「植福《しょくふく》の説」「努力の堆積《たいせき》」「修学の四標的」「進潮退潮《しんちょうたいちょう》」**など。

一世紀も前に書かれた本なので、ちょっと古めかしい文体ですが、難解というほどではありません。読んでいるうちにだんだん慣れてきます。テーマは盛りだくさんで、どれも非常に面白いのですが、ここでは次の三点にしぼって解説します。

①運命と人間の努力との関係、②自己革新の二つの方法、③幸福を獲得するための三つの説。

人は自分の運命がよいだの悪いだのといって一喜一憂《いっきいちゆう》しますが、それは愚《おろ》かなことだと露伴はいいます。卜占《ぼくせん》、観相《かんそう》、推命《すいめい》などの「運命前定（前提）説」に依存しているようでは、みずから否運《ひうん》（不運）を招き寄せているようなもの。世の実態をしっかり観察してみなさいと説きます。

成功者の多くは、自分の意志や知恵、勤勉などによって好結果を得たと信じており、そうでない人は、うまくいかなかったのは運が悪かったせいだと理屈をつけます。つまり成功者は自分の力として運命を解釈し、失敗者は運命の力として自分を解釈するわけです。

では、運命とは何か。それは時計の針の進行にすぎないと露伴は主張します。時間の経過とともに一日が過ぎ、季節が流れ、年が去り、人が生まれ、そして死んでいく、そのことが運命そのものなのだと。幸運だの否運だのは、人間が勝手につけた解釈にすぎないというのです。

運命から幸運を引き出す人は、たとえるなら手が切れそうな堅《かた》い線を引き出すようなもので、手が傷ついてもなお痛みに耐えて努力する人です。仮にうまくいかないことがあっても、それは自分の非力のせいだと反省して、さらに努力を続けます。

逆に否運を引き出す人は、運命から柔らかな紐《ひも》を引き出すようなもので、自分の手が傷つくことはありません。もし傷ついたとしたら、他人や運命のせいにして恨《うら》む。つまり自責《じせき》と他責《たせき》の違いが、成功者と失敗者を分けるのだといいます。

本気で自分を変える二つの方法

幸運を引き出すには自力本願《じりきほんがん》でいけと主張した露伴ですが、自己革新に関しては別の立場をとります。他力《たりき》と自力のうち、まずは他力でいくのが確実なやり方だというのです。

「真実の事をいえば、我流《がりゅう》で碁が強くなる事は甚《はなは》だ望《のぞみ》の少《すくな》い事で、卓絶《たくぜつ》した碁客《ごかく》

に頼って学んだ方が速《すみや》に上達すると同じく、世間で自力のみで新しい自己を造って年々歳々《ねんねんさいさい》に進歩して行く人は非常に少く、やはり他力に頼って、そして進歩して行く人の方が多い」からです。

それほど有能ではなかった人が、他の人を手本として驚くほど頭角《とうかく》をあらわす例がよくあり、昔、家臣として成功した人たちはこのタイプが多かったと説明します。

他力による自己革新の要点は、自分の小賢《こざか》しい知恵やすぐに利を求める心を捨てて虚心《きょしん》に学ぶこと。卓絶した人の運命の圏内に入り、自己を没却《ぼっきゃく》して従うことです。

では、自力のほうはどうなのか。本気で革新したいと望むなら、古い自分ときっぱり縁を切らなければならない。その覚悟がなければ無理だといいます。そもそも自力による自己革新がむずかしいのは、誰でもそうしたいと願いながら、意志と行動とが直結しないからです。

「古いものは敵である。いやしくも自《みずか》ら新《あらた》にせんと思う以上は、その新にせねばならぬと信ずるところの古いものを、大刀一揮《だいとういっき》で、英断《えいだん》を振って斫《き》り倒してしまわねばならぬ」

妥協《だきょう》があってはいけません。思想であれ習慣であれ、ばっさり切り捨てなさいのひと言です。不健康な自分を革新したければ、煙草《たばこ》を捨てなさい。酒をやめなさい。右が嫌なら左に行きなさい。左が嫌なら右に行きなさい。

自己弁護はいっさいしないこと。このへんの筆致《ひっち》は冷酷《れいこく》なほどで、**「出来ぬなら、永久に昨年の如《ごと》く、悩んで青い顔をしているがよい」**と、にべもありません。

幸福を獲得するための三つの説

では、どうすれば幸福を引き寄せることができるのか。露伴はここで有名な「幸福三説」を披露《ひろう》します。「惜福」「分福」「植福」の心がけです。

惜福とは福を大切にし、すぐに使い尽くしてしまわないこと。分福はそれを人にも分け与えること。この二つは、現実には両立することがむずかしいようです。福を惜《お》しむ人は「雪隠《せっちん》で饅頭《まんじゅう》を食う」のたとえ通り、独り占めを図りがちなものですが、そうした卑《いや》しい心根《こころね》では人の上に立つ者にはなれません。

たとえば徳川家康は惜福の心がけでは豊臣秀吉より上でしたが、分福においては劣《おと》っていたと露伴は分析します。秀吉は家臣たちに惜しげもなく報奨《ほうしょう》を取らせたことで求心力を強め、それが天下統一を早める結果になりました。大きな福を得たければ、自分から人に福を分かち与え、味方を増やすのが最善の道だというのです。

植福とは、文字通り福を植えること。自分の能力を最大限に発揮して社会に貢献することを意味します。これは惜福、分福にまさる大きな事業だと露伴は位置づけます。

「葡萄《ぶどう》を得んとすれば、葡萄を植うるに若《し》くは無い。この道理を以《もっ》て、福を得んとすれば福を植うるに若くは無い」

植福の実践によってこそ、人は人としての価値を存分に発揮することができる。たいへん気宇壮大《きうそうだい》な幸福論であり、個人の福を論じながら社会全体の問題にまで行き着くところが明治・大正期の人の気概《きがい》といえるかもしれません。

私たちは、惜福の心は持てても、分福や植福にまではなかなか思いがまわらないものです。だからこそ、ときにはこうした気骨《きこつ》あふれる書物にふれて視線を高く維持することが必要といえるのではないでしょうか。

二十代には歯ごたえがありすぎると感じる人もいるかと思いますが、人生に関するマイオピニオンを育てていくためには、若いうちからこういうレベルの高い本にチャレンジしてみることも貴重な体験になります。

いつも機嫌《きげん》よく、たんたんと生きるために

——『幸福論』（アラン）

不幸のメカニズムを解明すると

世に星の数ほどもある幸福論のうち、最も親しみやすく、最も実践的な書として本書を推薦《すいせん》できるのではないかと思っています。著者のアランはデカルトの研究者としても著名なフランスの哲学者。哲学者の著作ではありますが、これほど明快に書かれた本はめったにありません。

岩波文庫と集英社文庫から翻訳が刊行されており、私はずいぶん前から若い友人たちの祝い事のプレゼントに利用しています。幸せな人生を築きたいと願う気持ちさえあれば、誰もが明日から実践できる知恵がたくさん盛り込まれているからです。

本書におさめられた百編近くの小エッセイは、すべて新聞のコラムとして発表され

たもので、連載期間は第一次世界大戦をはさんだ十数年間です。当時ヨーロッパが陥っていた暗い世相を吹き飛ばすべく、一般市民向けに執筆《しっぴつ》されたものなので、内容はどれも日常生活に関する「ちょっとした心がけ」に集中しています。

アランの『幸福論』の最大の特長《とくちょう》は、人間の心理に深く精通していることです。とくに人はなぜ不幸になるのかについて、卓越《たくえつ》した洞察力を示しています。不幸のメカニズムが解明されれば、おのずから幸福の条件もあぶり出されてくるはずです。

「人を見ていると、ことさらに不幸を好んでいるように見うけられることがある」

とアランは言います。自分で自分の傷をかきむしって、いっそう痛みをひどくしているのがほとんどの不幸の状態だからです。そういうときは、痛みのもとを察知して、適切な処置をほどこせばいいのです。

「ブヨが目に入った場合、こすりでもしようものなら二、三時間はいやな目にあう。そんなときは両手をそのままにして動かさず、鼻先を眺《なが》めていなさい。すぐに涙が出てきて、不快な目にあわないですむ」（同書）

なぜ人は不機嫌《ふきげん》になるのか

不機嫌《ふきげん》は通常、何かの結果であると考えられがちですが、実はもっと大きな不幸の原因にほかならないとアランはいいます。不機嫌な人というのは、いつもなぜ自分が不機嫌かを得々《とくとく》と語りたがる。それによってますます不機嫌を自覚し、かつ周囲の人にも伝染《でんせん》させて「不幸の輪」をつくります。この場合の適切な処置は何か。

自分の不機嫌の理由を掘り起こすことなどに熱中しないで、まず礼儀を守ることだとアランはアドバイスします。礼儀は幸福のかたちの具体的な模写《もしゃ》なのだからと。人に会えばきちんとあいさつをし、微笑《びしょう》してみる。「微笑すること」は微笑にふさわしい精神状態をよみがえらせる最も効果的な方法です。全身の緊張感をやわらげ、心を解放させるしぐさにほかならないからです。

たとえば宗教の儀式について、よく観察し分析してみなさいとアランは語りかけます。祭壇《さいだん》にひざまずき、両手を胸の前に組み、頭を低くする。それが敬虔《けいけん》な気持ちを人に呼び覚ますのに最も適した姿勢だからです。幸福を感じたければ、まず幸福を感じられるかたちをとってみればよい。かたちから入ることによって、それにふさわしい感情が呼び覚まされるのです。

自分の不幸の理由を詮索《せんさく》するのに忙しい、神経質なタイプの人たちがいます。この人たちは、ああでもない、こうでもないと自己分析に余念がありません。

「大げさに言いなさんな」とアランは忠告します。「事実だけを理解しようとつとめなさい。きみのようなことは誰にだってある。ただきみは不幸にして聡明《そうめい》すぎるのだ。あまり自分のことを考えすぎるのだ。なぜうれしくなったり悲しくなったりするのか、そんな理由を知りたがる。そのため自分に苛立《いらだ》ってくる。実際には、幸福であったり不幸であったりする理由はたいしたことではない。いっさいはわれわれの肉体とその働きにかかっている」

そこでアランは、悩める人に「体操の先生を紹介しよう」などと冗談ぽく、しかし真面目《まじめ》に言うのです。

あれこれ想像して悩まないこと

『幸福論』の第二の特長は、想像力の悪しき作用に対して敏感《びんかん》であることです。人間の不幸の半分は身体への配慮《はいりょ》の欠如《けつじょ》と礼儀を無視することによって生まれ、残りの半分は想像力によって生まれるとアランは考えました。

舞台俳優にとって恐《おそ》ろしいのは、幕が開く直前の数分間です。もしうまく演じられなかったら、もし途中で台詞《せりふ》を忘れてしまったら、と想像し、それによって胸に痛みを覚え、結果として失敗の可能性をみずから高めてしまうのです。どうすればよいのでしょうか。

開幕前にぼんやりしている時間などなくしてしまうこと。いつもの練習をたんたんと繰り返し、余計なことを考える暇《ひま》なく本番に臨むことです。平凡な知恵のようですが、しかし実行してみれば必ず大きな効果をもたらしてくれることは違いありません。礼儀のかたちを守り、頭よりも体を動かし、想像で悩む時間をつくらないこと。考えてみれば、どれも現代人が苦手とすることばかりではないでしょうか。

かたちにとらわれる作法《さほう》はナンセンスと考え、自分から動く前に理屈をこねる。実行しても失敗したら、と想像で先まわりして及《およ》び腰《ごし》になる。私生活においても仕事においても、幸福論の要《かなめ》となるところは昔もいまも変わりません。

日常レベルの幸福は、いつも機嫌よくたんたんとして生きることに尽きるといっても過言ではありません。その基本となるところを、アランの『幸福論』は難解な言葉など一つも使うことなくユーモアたっぷりに教えてくれます。

心の雑草《ざっそう》を取り除く十三の徳目《とくもく》
――『フランクリン自伝』（ベンジャミン・フランクリン）

史上最も有名な「フランクリンの十三徳」

仕事でチェックリストを活用する機会はよくあると思います。漏《も》れやミスはないか、業務の進捗《しんちょく》状況に問題はないかなどを確認するうえで、チェックリストというツールはとても便利です。

第4章でふれた通り、これを私生活に活かしたのが、「フランクリンの十三徳」と呼ばれているものです。ベンジャミン・フランクリンが自分用に作成したチェックリストは、「十三徳」と呼ばれている通り十三の項目から成り立っています。

1 節制《せっせい》　飽《あ》くほどに食うなかれ。酔うまで飲むなかれ。

2 沈黙《ちんもく》　自他に益《えき》なきことを語るなかれ。駄弁《だべん》を弄《ろう》するなかれ。

3 規律　物はすべて所を定めて置くべし。仕事はすべて時を定めてなすべし。

4 決断　なすべきことをなさんと決心すべし。決心したことは必ず実行すべし。

5 節約　自他に益なきことに金銭を費《つい》やすなかれ。すなわち、浪費するなかれ。

6 勤勉　時間を空費するなかれ。常に何か益あることに従うべし。無用の行いはすべて断つべし。

7 誠実　詐《いつわ》りを用いて人を害するなかれ。心事《しんじ》は無邪気《むじゃき》に公正に保つべし。口に出すこともまた然《しか》るべし。

8 正義　他人の利益を傷つけ、あるいは与うべきを与えずして人に損害を及ぼすべからず。

9 中庸《ちゅうよう》　極端を避けるべし。たとえ不法を受け、憤《いきどお》りに値《あたい》すと思うとも、激怒《げきど》を慎《つつし》むべし。

10 清潔　身体、衣服、住居に不潔を黙認すべからず。

11 **平静** 小事、日常茶飯事《にちじょうさはんじ》、または避けがたき出来事に平静を失うなかれ。

12 **純潔** 性交はもっぱら健康ないし子孫のためにのみ行い、これに耽《ふけ》りて頭脳を鈍《にぶ》らせ、身体を弱め、または自他の平安ないし信用を傷つけるがごときことあるべからず。

13 **謙譲《けんじょう》** イエスおよびソクラテスに見習うべし。

もちろんこれを、そのままねる必要はありません。第4章の「自分を高めるために、チェックシートをつけてみよう」で説明したように、自己修養《しゅうよう》に寄せるフランクリンの熱い志《こころざし》を受け継いで、人それぞれが自分にふさわしい内容を考えてみればよいのです。

フランクリンは二十五歳でこの十三項目を決め、まず一週間に一つをきっちり守ることに専心しました。

「**こうして最後まで進んで行くと、十三週間で全コースを一周りし、一年には四回繰り返すことができる。庭の草むしりをする男は、雑草《ざっそう》を一度にとりつくそうなどとはしない**」(『フランクリン自伝』)。

フランクリンの場合、はじめは十二項目でいくつもりだったようですが、友人のアドバイスを聞き入れて一項目追加しました。

「友人が親切に言ってくれたのだが、私は一般に高慢《こうまん》だと思われていて、その高慢なところが談話のさいにもたびたび出てくる。何か議論するとなると、自分のほうが正しいというだけでは気がすまないで、おっかぶせるような、不遜《ふそん》といってもいい態度があるとのことで、その実例をいくつもあげたので、私もなるほどと思った。そこで私は他の悪徳や愚行《ぐこう》と同時に、できることならこれを直したいものだと考え、謙譲の徳を表に加え、その語に広い意味をもたせたのである」（同書）

晩年に至って彼は**「この五十年間、私の口から独断的な言葉が出るのを聞いた者はおそらく一人もあるまい」**と胸を張ったそうです。

フランクリンに何を学ぶか

ベンジャミン・フランクリンの生い立ちは、決して恵まれたものではなかったようです。イギリスからの貧《まず》しい移民の子として育ち、学校教育を受けたのは八歳から十歳までのわずか二年間だけ。その後、印刷工として働き、二十二歳で独立。やがて州議会議員となり、大学や病院などの設立に参画する一方で、アメリカ学術協会会長として精力的な活動を続けました。

七十代になってからアメリカの全権公使としてヨーロッパ各国と講和条約を締結《ていけつ》し、その人生において母国にもたらした功績はワシントンやリンカンをもしのぐとさえ賞賛されています。

フランクリンが没してすでに二百年以上が経過しました。しかし、その克己的《こっきてき》な態度、人生への真摯《しんし》な姿勢からは、時代や世相を超越して「生き方の原点」を学ぶことができるのではないでしょうか。

常識に縛《しば》られない柔軟《じゅうなん》さを磨くために

――『頭にガツンと一撃《いちげき》』（ロジャー・フォン・イーク）

身のまわりの「QWERTY」をさがそう

ロジャー・フォン・イーク著、城山三郎訳『頭にガツンと一撃《いちげき》』。これは私が創造性開発のテーマでセミナーを行う際に、副読書として推薦している本です。城山三郎氏の訳がとても歯切れよく、読み物としても楽しめます。この本からどんなことが学べるのか、一例をあげてみましょう。

「QWERTY」ときいて、何のことかわかりますか？ 私たちが毎日のように使用しているものの中にあります。そう、パソコンなどのキーボードの配列です。最上列のアルファベットを左から読むとQWERTYUIOPとなり、これを略して「QWERTY配列」と呼びます。

キーボードは旧式のタイプライターの時代からこの配列だったのだから、何か合理的な理由がありそうです。著者のイークによると、それは一世紀以上も昔にさかのぼります。当時の代表的なタイプライター製造会社ショールズ社は、速く打つとキーがからみやすいとの苦情が利用者から寄せられ、頭を悩ませていました。速く打てることはタイプライターの大切な商品価値ですが、そのためにキーがからんでしまっては元《もと》も子もありません。どうすればよいか。

会社は苦心《くしん》のあげく、一計を案じました。あまり速く打てないようにしようというものです。具体的な方策は、キーボードの配列を「非能率的」にすることでした。たとえば「O」と「I」はアルファベットの中でかなり使用頻度《ひんど》が高いのですが、これらを指の力の弱い薬指と小指で打たなければならない位置に動かす。この理屈をキーボード全体の配列に適用することによって、キーがからむほどのスピードでは打てないようにしたのです。この「妙案《みょうあん》」によってショールズ社の悩みは解決しました。

しかしこのやり方は、当時のレベルが低い技術力を補う窮余《きゅうよ》の策でした。やがて技術力が向上して、もっと速く打っても支障が生じない段階になったら、すぐに改善すべき事柄です。にもかかわらず、QWERTY配列はいまもって改められていません。なぜでしょうか。

「ルールはひとたび確立されると、それを生みだした当初の理由がなくなっても、廃止することが非常に困難である」（同書）からです。

このように指摘されると、ずいぶんナンセンスな話だと思われるでしょう。ほとんどの人がそう感じるはずです。

では、あなたの身のまわりに何か一つ「QWERTY」のようなものを見つけてください。——セミナーでこう言うと、とたんに受講者の顔が曇《くも》ります。そんな訓練など誰も受けていないからです。

「常識を疑ってかかれ」と、言葉では聞いたことがあっても、それを実践している人はとても少ないでしょう。

フレッシュマンは春に本を買うのか

かつて一世を風靡《ふうび》した商品に使い捨てカメラがあります。あれはずっと昔からのヒット商品だったのかといえば、そうではありません。カメラというものは、デジカメが登場するまでは技術の粋《すい》を集めた高級品であり、写ればそれでいいんじゃない？などという「不謹慎《ふきんしん》な発想」は相手にされませんでした。

「写《うつ》ルンです」のアイデアそのものは商品開発される十年以上も前からあって、何度も会議で提案されたものの、笑われてボツになっていました。

「常識を疑ってかかれ」は額縁《がくぶち》におさめられた美辞麗句《びじれいく》のようなもので、言葉そのものには誰も反対しないけれど、実践しようとすると嘲笑《ちょうしょう》されたり、あきれられたりすることが多いものです。

ある出版社の企画会議で、「新入社員向けの本はほんとうに春しか売れないのでしょうか」と疑問を呈《てい》した若者がいました。新人本は昔から春先に売り出すのが「業界の常識」となっており、出版社が共同して大々的にフレッシャーズフェアを実施しているのは、みなさんもご存じでしょう。業界人ならずとも、新人は入社したての春先にその手の本を買うはずだと思ってしまいます。

疑問を呈した若者は即座に先輩たちからお叱《しか》りを受けました。

「そんな質問をしているようでは編集者失格だ。ちゃんと書店で観察してきなさい」と。

しかし彼はこう反論したのです。春先に買う人ももちろん少なくありませんが、企業研修が続く時期なので読書の時間などとれない人もいます。競合他社の本が多数ひしめく春先より、新人がひと息ついて読書する余裕のできる秋口にわが社だけ新刊を投入するのも戦略ではないでしょうかと。

「なかなか面白い意見じゃないか」。ひとりだけベテランが応じました。そして「春と秋の売れ行き状況を書店でしっかり調べてきてごらん」と指示を出したのです。

その結果判明したのは、一番売れる時期はやはり春先だったものの、秋もそれに次いで売れているということでした。フレッシャーズフェアに乗るのは間違いではありませんが、一社だけ秋に狙《ねら》いを定めてみるのも妙手《みょうしゅ》かもしれません。試みる価値は充分にあることが判明したのです。翌年、この会社は十月の読書週間に新人本を出版し、みごと成功をおさめました。

頭のこわばりを粉砕《ふんさい》する十項目の「べからず」

常識に縛《しば》られがちな読者の頭に風穴《かざあな》を開けようと、著者のイークはピカソの言葉を引用します。

「**創造行為はみな、何よりもまず、破壊行為である**」と。

そしてメンタル・ロック（頭のこわばり）を粉砕《ふんさい》するための十項目の戒《いまし》めを説いています。それは次のような発想を「断固拒否する」ということです。

①正解は唯一つ、②それは論理的ではない、③ルールに従え、④現実的に考えよ、⑤曖《あい》昧《まい》さを避けよ、⑥間違えてはいけない、⑦遊びは軽薄《けいはく》だ、⑧それは私の専門外だ、⑨ばか

げたことを考えるな、⑩私には創造力がない。

クリエイティビティーを開発し発揮させるためにはよい教えだと思います。私がセミナーで紹介すると、この十の戒めを大書して会議室に貼《は》ったという方もいました。

二十代は仕事の基本やものの考え方の基本を身につける時期ですが、単に常識だけでなく、それを疑ってかかる柔軟《じゅうなん》な思考力も同時に涵養《かんよう》できるよう努めたいものです。

いまイークの『頭にガツンと一撃』は品切れになっていますが、アマゾン・ドット・コムなどで購入することができます。ぜひ一読して柔らかな頭をつくってください。

自前の生活信条をつくる

――『人生に必要な知恵はすべて幼稚園の砂場で学んだ』(ロバート・フルガム)

トイレ掃除《そうじ》ができない新入社員

「まったく昨今の新人は」と、某社の人事課長が嘆《なげ》いていました。

新入社員研修の一環《いっかん》としてトイレ掃除《そうじ》をさせたところ、「できません」と拒否した男性が一名、泣き出しそうになった女性が二名いたそうです。自分も使用する場所ではないかと諭《さと》しても、トイレ掃除などしたことがない、そういうことは「担当者」がやる仕事ではないかと反論したとのこと。

トイレ掃除に限らず、研修でインストラクターに叱られた、勤務地が思っていたより遠かったなど、些細《ささい》な理由で辞表を提出したり失踪《しっそう》したりする若者が少なくありません。入社してわずか一か月後には「五月病」にかかる人がいて、大学の就職部は「超早期退職」の卒業生からの相談や、会社からの苦情の処理で大わらわだと聞きます。

超早期退職をする若者には、比較的裕福な家庭の子女や、一人っ子が多い。親子ともども「お受験」に没頭《ぼっとう》するあまり、年齢相応のしつけや、生きる力を養う教育が欠落していたのでしょう。

こうした傾向は日本だけに限りません。しつけに関して日本以上に厳しいはずの儒《じゅ》教発祥《きょうはっしょう》の地・中国でも、一九七九年からの「一人っ子政策」の影響でジコチュー族が急増、社会問題化しています。社会人としての能力をうんぬんする前に、大人としての作法・分別の次元で欠陥人間が続出しているのです。

トイレ掃除は嫌でもやらなければならない、人から間違いを指摘されたらきちんと謝らなければならない――こうした次元の作法は新人教育のテーマともなっていますが、本来はそれ以前の問題で、各自が大人の常識として認識し、実践するべき事柄です。そうした観点から、非常に参考になるのがロバート・フルガム著『人生に必要な知恵はすべて幼稚園の砂場で学んだ』です。

この長い書名は“All I Really Need to Know I Learned in Kindergarten.”の原題をそのまま訳したもの。アメリカでの刊行が一九八六年なので、古典というには早すぎる本ですが、とてもユニークな視点を提供してくれますので、最後に紹介しておきます。

幼稚園ではどんなことを学んだのか

著者は教会の牧師をしていた人で、若い頃から毎年自分のクレド（生活信条）を文章に記してきました。はじめは長々しく、むずかしい表現が多かったようですが、人生経験を重ねるにしたがって逆に短く、易しい表現に変わってきました。やがてある年、人間いかに生きるべきかという問題の答えは、みんな幼稚園で教わってきたことばかりではないかと気がついたといいます。

彼は新しいクレドをこんなふうに記しました。

「何でもみんなで分け合うこと。ずるをしないこと。人をぶたないこと。使ったものは必ずもとの場所に戻すこと。ちらかしたら自分で後片づけをすること。人のものに手を出さないこと。誰かを傷つけたら、ごめんなさい、と言うこと」

はじめてこの一文に接したとき、私はふだん自分が人に不快感を覚えたときの状況をあれこれ思い出してみました。すると、たいていのことがこのレベルの不作法に集約されることに気がつきました。

●ビジネス上の契約に関して、後で条件をすり変える（ずるをする）。

●私の記事をほぼそのまま無断で引用する（人のものに手を出す）。

●抗議の文書を送っても返事をしない（ごめんなさいを言わない）。

どれも常識的な作法のレベルの問題だと思います。何事につけ、人間関係をスムーズに運ぶコツは、たしかにフルガムの言う通り、幼稚園で教わった「基本中の基本」

をきちんと守ることにあるのかもしれません。

フルガムはこのクレドを、かつて自分が教鞭《きょうべん》をとったことのある小学校の卒業式のスピーチで披露しました。たまたま父兄の中にいた連邦上院議員がこれに共鳴し、議会の場で言及したそうです。それがきっかけとなって多くの雑誌や新聞が議事録を引用し、テレビ番組でも大々的に取り上げられることになりました。やがてこの本が編集され、全米で数百万部の大ベストセラーを記録したのです。

星野仙一《せんいち》氏をしっかり教育した元明治大学野球部監督

新人の研修で「あれをしろ、これをするな」式のビジネスマナーを教えることは必須事項です。しかし一方通行の研修はその場限りのものになりやすく、効果としての歩留《ぶど》まりはあまり高くありません。

フルガムのクレドを参考にして、自分なりのクレドを作成してみるのも面白いでしょう。一社会人として、同時にビジネスパーソンとして、これから自分はどんなことを信条として生きていくつもりなのか。それを十項目ほどつくってみる。そして一定期間たった後に振り返り、どの程度実践することができたか、また一定期間を過ごしてみて改訂したほうがよいと思った項目はあったか、などを確認するのです。

冒頭のトイレ掃除の話に戻ると、プロ野球界の名将・星野仙一《せんいち》氏は、明治大学野球部に在籍の頃に監督からトイレ掃除を命じられたそうです。理由は星野氏が主将だったから。

普通、体育会の掟《おきて》では、下の者が雑事のたぐいを担当することになっているのですが、明治大学の名物監督・島岡吉郎氏はそれを許しませんでした。上に立つ者が範《はん》を示してこそ下の者が素直に従う。それを実践させようとしたのです。

星野氏が渋《しぶ》ると、監督がみずから便所掃除を始めようとしたため、あわてて交代しました。島岡氏は今日に至るまで星野氏の唯一「頭が上がらない人物」なのだそうですが、その人のおかげで、星野氏は掃除でも洗濯でも、身のまわりのことはすべて自分でできるようになったと述懐《じゅっかい》しています。

巻末付録
1

二十代のうちに読んでおきたい52冊

【1】生き方を確立するために

- セネカ『生の短さについて』　岩波文庫
- ヘミングウェイ『キリマンジャロの雪』　各社文庫
- アルベール・カミュ『ペスト』　新潮文庫
- チェスターフィールド『わが息子よ、君はどう生きるのか』　三笠書房
- 三木清『人生論ノート』　新潮文庫
- 立花隆『青春漂流』　講談社文庫
- 池田清彦『正しく生きるとはどういうことか』　新潮社
- 諸富祥彦『生きていくことの意味』　PHP新書

✦杉村芳美『「良い仕事」の思想』 中公新書
✦丸山健二『生きるなんて』 朝日新聞社

【2】考える力を養《やしな》うために

✦パスカル『パンセ』 各社文庫
✦モンテーニュ『エセー』 各社文庫
✦マーク・トウェイン『人間とは何か』 岩波文庫
✦ゴルデル『ソフィーの世界』 NHK出版
✦J・T・ウィリアムズ『クマのプーさんの哲学』 河出文庫
✦芥川龍之介『藪の中』 各社文庫
✦加藤尚武『現代倫理学入門』 講談社学術文庫
✦池田晶子『14歳からの哲学』 トランスビュー
✦照屋華子・岡田恵子『ロジカル・シンキング』 東洋経済新報社
✦和田秀樹『頭をよくするちょっとした習慣術』 祥伝社黄金文庫

【3】仕事で頭角《とうかく》を現すために

✦マルクス・アウレーリウス『自省録』　岩波文庫
✦シェイクスピア『マクベス』　各社文庫
✦江口克彦『「きっと芽が出る人」の法則』　PHP文庫
✦堀場雅夫『イヤならやめろ！』　日経ビジネス人文庫
✦小倉昌男『やればわかる　やればできる』　講談社＋α文庫
✦畑村洋太郎『失敗学のすすめ』　講談社文庫
✦若松義人『「トヨタ流」自分を伸ばす仕事術』　成美堂出版
✦飯久保廣嗣『問題解決の思考技術』　日経ビジネス人文庫
✦和田裕美『人に好かれる話し方』　だいわ文庫
✦佐々木圭一『伝え方が9割』　ダイヤモンド社
✦本多静六『本多静六の努力論』　幸福の科学出版

【4】めげない人になるために

✦デール・カーネギー『道は開ける』　創元社
✦サン＝テグジュペリ『人間の土地』　新潮文庫
✦リチャード・カールソン『小さいことにくよくよするな!』　サンマーク文庫
✦アレックス・ロビラ『Ｇｏｏｄ Ｌｕｃｋ』　ポプラ社
✦新渡戸稲造『武士道』　各社文庫
✦城山三郎『打たれ強く生きる』　新潮文庫
✦斎藤茂太『いい言葉は、いい人生をつくる』　成美文庫
✦阿奈靖雄『「プラス思考の習慣」で道は開ける』　ＰＨＰ文庫
✦中島義道『働くことがイヤな人のための本』　新潮文庫
✦弘兼憲史『なぜ、この人はここ一番に強いのか』　講談社＋α文庫

【5】恋愛と結婚を考えるために

✦プラトン『饗宴』　各社文庫
✦コンスタン『アドルフ』　各社文庫
✦ツルゲーネフ『初恋』　各社文庫

巻末付録
2

書き込み式実践シート

✦エーリッヒ・フロム『愛するということ』　紀伊國屋書店
✦夏目漱石『こころ』　各社文庫
✦中河与一『天の夕顔』　新潮文庫
✦三島由紀夫『永すぎた春』　新潮文庫
✦柴門ふみ『恋愛論』　PHP文庫
✦松久淳・田中渉『天国の本屋　恋火』　小学館文庫
✦石井希尚『この人と結婚していいの？』　新潮文庫
✦大川隆法『恋愛学・恋愛失敗学入門』　幸福の科学出版

願望達成シート

願望の内容	いつまでに？	どんな方法で？	障害とは？	どう克服する？

✦ 弱気の虫チェックシート

弱気になってしまうこと	その理由は？	どうすれば退治できる？

✦「わたし」棚卸《たなおろ》しシート

「いつまでやっていても飽きない」と言えることは？

人よりすぐれていると自負できることは？

いまの生きがいを３つあげるとしたら？

性格や、人間関係における長所は？

性格や、人間関係における短所は？

時間をかければできることは？

短時間でできる自信のあることは？

2020年までに達成したい目標は？

✦ これまでの「わたし」シート

現在の会社に入社するときの志望動機は何だったか？	
そのときの抱負は？	
入社時の抱負はその後、変化したか？実現したか？	
入社 1、2 年後「この人のようになりたい」と思った職場の先輩は？	
いま目標としている人は？	
入社した頃の職場の最大の魅力は？	
今後に望む職場の魅力とは？	
そのために自分が貢献できることは？具体的な方法は？	
入社当時、自分がいちばん打ち込んでいたことは？	
いま打ち込んでいることは？	
はじめて後輩（あるいは部下）ができた時期は？	
当時どんな先輩（あるいは上司）になろうと思ったか？	
これからどんなリーダーになろうと思っているか？	
その頃、先輩に対して最も配慮したことは？	
いま最も配慮していることは？	
結婚した頃、どんな家庭を築きたいと思ったか？	
それは実現できたか？	
（実現できていない場合）どうすれば実現できると思うか？	
そのために自分がなすべきことは？	
20歳の頃の生きがいを３つあげるとしたら？	
現在の生きがいを３つあげるとしたら？	

5年後の「わたし」シート

	バラ色 Ver.	灰色 Ver.
年齢		
家族構成		
健康状態		
職業		
地位		
年収		
仕事の内容		
副業の有無		
その内容		
資産の有無		
その内訳		
公的資格		
研究事項		
特技		
趣味		
友人の数		
その内訳		
人生の夢		
その達成度		

✦ 願望達成ステップシート

願望　　　**優先順位**

目標

○年後のビジョン

達成するための手段

方法（具体的なステップ）

1

2

3

4

5

この1年間で実行すること

✦ 自分らしさ発見シート

「自分らしさ」を定義してみると？

「自分らしさ」を具体的にあげてみると？

1

2

3

親しい人から「あなたらしさ」をあげてもらうと？

1

2

3

自分の天職と思えるものは？

自分には向いていないと思われる仕事は？

自分が「したくない」と思う仕事は？

自分らしく生きるためのポリシーは？

自分らしく生きるために欠けているものは？

それをどう解決するか？

✦ 失敗ノート

日付	失敗したこと	原因分析	防止策

24時間記録シート

年　月　日

6:00 a.m
7
8
9
10
11
12
1:00 p.m
2
3
4
5
6:00 p.m

年　月　日

6:00 p.m
7
8
9
10
11
12
1:00 a.m
2
3
4
5
6:00 a.m

他のことに活用できる時間帯は？	何に活用するか？	いつから実行するか？

本田有明 ほんだ・ありあけ【監修】

1952年、兵庫県神戸市生まれ。慶應義塾大学卒業後、（社）日本能率協会に勤務する。1996年に人事教育コンサルタントとして独立。主に人材育成、能力開発の分野でコンサルティング、講演、執筆活動に従事している。現在、本田コンサルタント事務所ならびに人材革新研究会代表。主な著書に『人材育成の法則』（経団連出版）、『上司になってはいけない人たち』『若者が3年で辞めない会社の法則』（ともにPHP新書）、『ソクラテス・メソッド』『ヘタな人生論より夏目漱石』（ともに河出書房新社）、『名著の底ヂカラ』（幸福の科学出版）などがある。

人材革新研究会【編】

企業や自治体の人事・教育担当者によって構成された研究会。本書が第1冊目の出版となる。人が育つ環境づくりや新しい人事システムの構築、ビジネスパーソンの自己啓発支援などで、今後、幅広い提言活動を行ってゆく予定。

20代で身につけたい
仕事で自信を持つための6つの力

2014年5月2日　初版第1刷

監　修　本田有明
編　者　人材革新研究会
発行者　本地川 瑞祥
発行所　幸福の科学出版株式会社
〒107-0052　東京都港区赤坂2丁目10番14号
TEL (03) 5573-7700
http://www.irhpress.co.jp/

印刷・製本　中央精版印刷株式会社

落丁・乱丁本はおとりかえいたします

ISBN978-4-86395-458-8　C0030

photo：©Viorel Sima-Fotolia.com、©A_teen-Fotolia.com

人生に光を。心に糧を。

新・教養の大陸シリーズ

『大富豪になる方法』

無限の富を生み出す

安田善次郎 著

無一文から身を起こし、一代で四台財閥の一角を成した立志伝中の人物、日本の銀行王と呼ばれた安田善次郎。なぜ、幕末から明治にかけての激動期に、巨富を築くことができたのか。その秘訣を本人自身が縦横に語った一冊。

『大富豪の条件』

7つの富の使い道

アンドリュー・カーネギー 著

桑原俊明＝訳／鈴木真実哉＝解説

19世紀アメリカを代表する企業家、鉄鋼王が自ら実践した、富を蓄積し、活かすための思想。これまで邦訳されていなかった、富に対する考え方や具体的な富の使い道を明らかにし、日本が格差問題を乗り越え、さらに繁栄し続けるためにも重要な一書。

『本多静六の努力論』

人はなぜ働くのか

本多静六 著

日本最初の林学博士として多大な業績を残し、一介の大学教授でありながら、「四分の一貯蓄法」によって、巨万の富を築いた本多静六。本書は宇宙論から始まり、幸福論、仕事論、努力の大切さを述べた、本多思想の全体像をつかむ上で最適の一冊。

幸福の科学出版刊　　　※すべて定価1,200円（税別）です。